ヘラクレイトスにおける
「プシューケー」論への展開

後藤　淳

溪水社

目　次

凡　例 …………………………………………………………… 3
引用したヘラクレイトス断片番号一覧 ………………………… 5

緒　言 …………………………………………………………… 9

第1章　ヘラクレイトスの宇宙論 ……………………………17
第1節　「永遠に生きる火」…………………………………17
第2節　「火」と万物の「交換」……………………………26

第2章　「対立の一致」と「不可視なるハールモニエー」……33
第1節　ひとつの主体に対して、相反する述語づけがなされることによって成立する対立関係とその結合 ……………33
第2節　人間全体に共通する経験的事物における対立関係とその解消 ……………………………………………………36
第3節　断片10における対立関係の解消 ……………………44
第4節　「不可視なるハールモニエー」………………………49

第3章　「ロゴス」………………………………………………63
第1節　oratio としての「ロゴス」 …………………………64
第2節　ratio としての「ロゴス」 ……………………………67

第4章　ヘラクレイトスにおける人間の「知」………………77
第1節　ヘラクレイトスにおける人間批判 …………………77
第2節　ヘラクレイトス断片に現れる「神」の概念 ………82

　　　　(1)　複数形で表現される「神々」　82
　　　　(2)　単数形で表現される「神」　88
　　　　(3)　クセノファネスの「神」との対比　93
　　　　(4)　断片32における「ゼウス」の意味　98
　　第3節　「ト・ソフォン」と「ソフィエー」 ……………………103
　　第4節　「ソフィエー」を妨げるもの ……………………110
　　　　(1)　人間の個人的性質に起因する要因　110
　　　　(2)　人間に共通する要因　113

第5章　人間の「プシューケー」 ……………………………125
　　第1節　人間の行動様式に対応する「プシューケー」の位相 ………125
　　　　(1)　日常的な「プシューケー」　125
　　　　(2)　深化する「プシューケー」　131
　　第2節　「プシューケー」と「火」との類似 ………………134
　　第3節　ヘラクレイトスにおける「自己探求」の意味 …………147

結　語 ……………………………………………………………167

あとがき ……………………………………………………………177

参考文献 ……………………………………………………………181

人名索引 ……………………………………………………………191

事項索引 ……………………………………………………………193

凡　　例

1. 本書に引用された断片番号は、H, Diels.＝W, Kranz. *Die Fragmente der Vorsokratiker.*の17版（1974年）に従っている。略符号は DK.を用いている。

2. 本文中に引用する文章や、断片の訳出に際して用いた符号は以下のとおりである。

    （　）は、筆者が説明や補足のために附加したもの。
    〈　〉は、原文における脱落を校訂者が附加したもの。
    「　」は、断片中の用語や句節、研究者の文章を筆者が訳出したもの。
    『　』は、書名。
    《　》は、筆者が強調する語句。

3. ギリシア文字を仮名に直すに際して、ΦΧΘ を ΠΚΤ と同音で表した。母音の長短に関しては、長母音と位置によって長い母音は長音符を用いて表記した。地名や人名などですでに表記が慣例化しているものは、それに従った。

4. 以下に挙げるもの以外の略符号は、参考文献の箇所を参照されたい。

AfGP.	＝	*Archiv für Geschichte der Philosophie.*
AJP.	＝	*American Journal of Philology.*
APQ.	＝	*American Philosophical Quarterly.*
BICS.	＝	*Bulletin of the Institute of Classical Studies of the University of London.*
CP.	＝	*Classical Philology.*
CQ.	＝	*Classical Quarterly.*
HSCP.	＝	*Harvard Studies in Classical Philology.*
HThR.	＝	*Harvard Theological Review.*
JHS.	＝	*Journal of Hellenic Studies.*
JHI.	＝	*Journal of History of Ideas.*
MH.	＝	*Museum Helveticum.*

PAAAS.	=	*Proceedings of the American Academy of Arts and Science.*
PQ.	=	*The Philosophical Quarterly.*
PR.	=	*The Philosophical Review.*
TPAPA.	=	*Transactions and Proceedings of the American Philological Association.*
WS.	=	*Wiener Studien.*

引用したヘラクレイトス断片番号一覧

第1章　第1節　　　断片 30、31a、31b.
　　　　第2節　　　断片 90、67.

第2章　第1節　　　断片 59、60、103、61、13、9.
　　　　第2節　　　断片 111、88、126、48.
　　　　第3節　　　断片 10.
　　　　第4節　　　断片 51、54、80.
　　　　注　　　　　断片 21、26.

第3章　第1節　　　断片 1、2、50.
　　　　第2節　　　断片 31a、31b、94.

第4章　第1節　　　断片 42、56、57、106、40、(129).
　　　　第2節 (1)　断片 5、24、53、30.
　　　　　　　(2)　断片 78、102、83、67、114.
　　　　　　　(3)
　　　　　　　(4)　断片 32.
　　　　第3節　　　断片 41、64、113、112.
　　　　第4節 (1)　断片 43、85.
　　　　　　　(2)　断片 83、79、102、78、119.
　　　　注　　　　　断片 110.

第5章　第1節 (1)　断片 107、117、77a、85.
　　　　　　　(2)　断片 45、115.
　　　　第2節　　　断片 31a、31b、36、117、118.
　　　　第3節　　　断片 101、5、57、97、28a、108、116.
　　　　注　　　　　断片 76.

結　語　　　　　　断片 44.

ヘラクレイトスにおける
「プシューケー」論への展開

緒　言

　一般的に、「万物は流転する（$\pi\acute{\alpha}\nu\tau\alpha\ \rho\varepsilon\hat{\iota}$）」[1]という、余りにも簡潔な言葉によって総括されているヘラクレイトスの哲学に関しては、まざまな接近の方法が探求されてきた。古代ギリシア期においてすら、ソクラテスに「ヘラクレイトス哲学の深遠さを理解するためには、デロス島の潜水夫が必要である」[2]と嘆息せしめた彼の哲学の体系は、それを解明しようと試みる者に対して、各人の問題意識に即応するさまざまな表れ方をしてきたように思われる。そのような事情は近代においても同様である[3]。

　シュライエルマッヒャー（F.Schleiermacher）[4]、バイウォーター（I.Bywater）[5]、ディールス（H.Diels）[6]等によって、学説誌家たちによる証言を含めたヘラクレイトスの断片が整理されるにいたり、断片の真偽に関する議論の余地は残るものの、宇宙論的叙述、「対立の一致」に関連した叙述、「知」を論ずるもの、「プシューケー」に関連する叙述等、ヘラクレイトスの哲学全体を構成している、おのおのの中心的部分について論ずることが可能となった。以下において、ヘラクレイトス哲学研究の過程について梗概を述べておきたい。

　ひとつのまとまった形をとったヘラクレイトス哲学研究として、私は、ギゴン（O.Gigon）の論文[7]を最初のものとして挙げたい。彼は、ラインハルト（K.Reinhardt）の解釈によって、いったん、イオニアの哲学者の系譜から切り離されたヘラクレイトスの哲学を、前ソクラテス期の哲学者たちの思想系譜中で再び解釈することを試みた。

　ギゴンは、そのための方法として、イオニア哲学に共通する宇宙論的叙

述からヘラクレイトスを解釈することに加えて、心理学的領域や生と死の問題といった、いわば、人間学的といえる叙述を重視して、ヘラクレイトスの哲学を解釈しようと試みている。彼が、ヘラクレイトス哲学におけるそのような領域に着目したということは、以降のヘラクレイトス哲学研究に、ひとつの方向性を示すことになった。

　このような、ギゴンによって提起された研究方法を受けて、再度、ヘラクレイトスの哲学の中にある宇宙論的叙述に着目し、ディールス＝クランツ（H.Diels＝W.Kranz）が真正とした126断片のうち、59断片について詳論したものが、カーク（G.S.Kirk）の研究である[8]。

　カークは、ヘラクレイトスの断片を内容別に論ずるという方法を徹底し、59断片を12のグループに纏め、それぞれの特徴を抽出し、それをヘラクレイトスの思想の中に位置づけようとした。彼の研究は、ギゴンによって心理学的領域に属するとされた断片も、宇宙論的視座から捉えられることを示したが、宇宙論的解釈を重視することに性急であったという点で、批判の余地を残すものであった。

　その後、ディールス＝クランツは、出典に従って断片を分類したが、それに対して、マルコヴィッチ（M.Marcovich）[9]は、内容上の関連性に従って諸断片をグループに纏め直し、断片番号も独自に設定することを試みている。

　マルコヴィッチの研究方法は、断片の出典である学説誌家の文章を、他の資料との文献学的比較考量を通して、厳密に再吟味する点に特徴があった。ある意味においては、マルコヴィッチがこのような研究方法を提出したことによって、ヘラクレイトスを新しく捉え直そうとする研究の端緒が与えられた、といえるであろう。彼以前に蓄積された研究の成果は決して否定されるものではない。しかし、マルコヴィッチによってなされたヘラクレイトス哲学解釈に対する文献学的貢献は、それだけ大きかったと考えられる。

　さらに、カーン（C.H.Kahn）[10]等によって、ヘラクレイトスの哲学におけ

緒　言

る、宇宙論的叙述と人間学的叙述との関連を探ろうとする解釈の方向が提出された。「九つの断片の解釈において異なる以外は、ディールスとマルコヴィッチに従う」[11]と序文で述べているように、カーンの方法は、先行する研究者たちのものと基本的には変わらない。断片を注釈する際に一貫している姿勢は、ヘラクレイトスの「ロゴス」を解釈することに重点を置く、ということである。この点が、カーン独自の解釈の背景であると思われる。

　このような従来のヘラクレイトス解釈に加えて、残された断片中に、ヘラクレイトスの政治論、ないし、政治的思索を探ろうとする研究が近年試みられている[12]。この試みはいまだ定着していないと思われるが、政治論という側面をヘラクレイトスの思想の中に読み取ろうという、このような研究の方向は、ある意味で、まったく新しいヘラクレイトスの解釈を生み出すものかもしれない。

　本書におけるヘラクレイトス解釈の見通しを述べる前に、彼とイオニアの思想家たちとの関連、さらに、ギリシアに伝統的な世界観や人間観が、彼に与えたと思われる影響について触れておきたい。

　まず、イオニアの思想家たちとの関連について述べる。

　現存断片中において、ヘラクレイトスは、彼以前の思想家たちの固有名詞を直接挙げてその思想を批判したり、自分の思想との相違点ついて述べていない。特に、宇宙論的内容を叙述する際の形式面においては、ヘラクレイトスもイオニア自然学の枠組みの中にあると考えられる。後代の思想家や学説誌家たちによって、「火」が、いわゆる、万物のアルケーとして解釈されたという事実に加えて、彼以前の思想家たちと共通する用語を、ヘラクレイトスが自説の展開のために用いているからである。

　しかし、このような形式上の類似性や用語の一致によって、彼をイオニアの伝統の中に閉じこめることは適切ではないと考える。彼の「火」は、ひとつの原理としての解釈に耐えうる点で、彼以前の自然学とは一線を画すと考えられるからである。同様に、先行する思想家と共通する用語の中に、ヘラクレイトス独自の意味を読むことができると考えるからである。

次に、伝統的な世界観や人間観が彼に与えたと思われる影響について述べる。

　彼が、人間を神と動物との中間者として叙述する点に、ギリシアに伝統的な人間観を見ることができると思われる。しかし、いくつかの断片において、ヘラクレイトスは、一般の人々や歴史的著名人たちを痛烈に批判している。彼は、既定のものとなった伝統的価値体系を無条件に受け入れているがゆえに、同時代の人々を嫌悪したと推定することができる。ディオゲネス・ラエルティオスによれば、彼は、故国エフェソスの人々との交際すら拒否して、アルテミスの神殿に隠遁したと伝えられている[13]。しかし、ヘラクレイトスは、ギリシアに伝統的な世界観や人間観を一概に拒否したというのではなく、その中に新しい意味を見い出そうとしない人々の姿勢を叱責したといえるであろう。

　以上のように、ヘラクレイトス自身の人間観や世界観の中に、ギリシアに伝統的な側面と、人間や世界に関する新しい視座を見ることができるであろう。彼が、伝統的価値観の中にありながら、独自の思想を展開していることに気づくことが重要であると思われる。この意味で、ヘラクレイトスという哲学者は、イオニア自然学の最後に位置する思想家であると同時に、遠くソクラテスへと続く人間学の先駆者として位置づけられる思想家である、といえるであろう。

　さて、ヘラクレイトスの哲学を研究する方法として、私は、マルコヴィッチやカーンが採った研究方法を継承する。すなわち、断片番号はディールス＝クランツに従うが、各断片を内容に従って関連づけ、自由に前後を入れ替えてヘラクレイトスの思想について検討する。

　本書の主題である、ヘラクレイトスにおける人間の「プシューケー」に関して論ずるにあたって、まず、ヘラクレイトスの宇宙論的諸断片に関する考察を行なう。それは、「コスモス」の質料的本質と、その本質である《定量性》という原理を明確にすることによって、「コスモス」とその一部である人間との共通性を確認するためである。

緒　言

　宇宙論的諸断片に関する考察の後に、ヘラクレイトスが語る人間の「知（ソフィエー）」と、「ソフィエー」に向かう能力であると考えられる人間の「プシューケー」について考察する。従来、ヘラクレイトスにおける人間の「プシューケー」に関してなされてきた研究のほとんどのものは、「プシューケー」を、宇宙論における「火」と同一視する結論にいたっている。

　本書において、そのような見解を吟味するとともに、私は、「プシューケー」に関する解釈の可能性を、質料的側面に重点を置いて探索してみたい。ヘラクレイトスの哲学において、人間の「プシューケー」と「コスモス」の質料的本質の等しさを明らかにすることを通して、人間と世界との直接的相似性が確認されるであろう。その結果、「デロス島の潜水夫を必要とする」ヘラクレイトス哲学に関して、彼の一貫した世界観や人間観を見い出すことができるであろう。

注1）$πάντα\ ρεῖ$ という字句は、ヘラクレイトスの現存断片中には残されておらず、そのままの字句ではシムプリキオスに初出する。(Simplicius. In *Aristotelis Physicorum Libros Commentaria*. (ed.) Diels. p.1313.) ここでは、《万物流転》という学説を主張した者は、「ヘラクレイトスを中心とする自然学者たち」とされている。研究者たちは、この $πάντα\ ρεῖ$ という字句の出所として、普通プラトンの『クラテュロス』402 A8-10を考えている。なぜならば、シムプリキオスにおいて、「万物は流転する」という字句に続く「君は同じ川に二度足を踏み入れられないであろう」という一節が、『クラテュロス』にも見られるからである。

　しかし、ディールス以来、ほとんどの研究者も、その字句をヘラクレイトスのオリジナルであるとは考えていない。学説誌家たちによるヘラクレイトスの《万物流転》説の伝播に関しては、各学説誌家たちが伝える句節を、それぞれ文献学的に考察して図示した、マルコヴィッチの考える伝播系譜が明解であると思われる。(M.Marcovich, *Heraclitus*.(以下、*H*.と略す) p.207.)

　ところで、いわゆる「川断片」と呼ばれるものとしては、断片12a、49a、91を挙げることができるが、真偽を別にするならば、ヘラクレイトスは

それらの句説によっていったい何を意図していたのであろうか。「川断片」が人間の認識の相対性、あるいは、個人的思慮について叙述するものであるということは、容易に推測できるであろう。プラトンは、先に挙げた『クラテュロス』の箇所以外にも、『テアイテトス』152 E8-9、160 D6-7において、《万物流転》に関係すると考えられる句説をソクラテスに語らせている。川面を滔々と流れて止むことのない水の一回性と、人間の認識の一回性が共通点を持つ、という類推は容易に成立する。

　しかし、ヘラクレイトスが認識の相対性のみを説くことに主眼を置いていたと考えることは、後のソフィストたちの認識論を先取りしたにすぎないことになり、また、他の断片中における彼自身の言説とも矛盾することになる。本文において $πάντα\ ρεῖ$ という字句に言及することはないが、流れ続ける現象の背後に、人間がひとつの確実なものを認識できるのか、という問題に関するヘラクレイトスの態度には着目してゆきたい。

2) ヘーゲルは、ヘラクレイトスを「弁証法の父」と呼び、ヘラクレイトスにおいて「対立の一致」を支える「ロゴス」のダイナミズムと、自らの「弁証法」の類似をみた。

　ハイデッガーとフィンクも、フライブルク大学における1966-67年の冬季ゼミナールのテーマにヘラクレイトスを取り挙げた。彼らはヘラクレイトスを現象学的立場から解釈する。ハイデッガーは、現象が語の語源に顕現するとしてヘラクレイトスの用語を分析的に論じ、フィンクは、現象がわれわれの知覚に対して表れる多様性という点に着目して、ヘラクレイトス断片を解釈した。(M.Heidegger＝E.Fink, *Heraklit*.)

　　cf. J.Sallis＝K.Maly, (ed.) *Heraclitean Fragments. A Companion Volume to the Heidegger/Fink Seminar on Heraclitus*.

3) Diogenes Laertius.（以下、Diog. Laert.と略す）2. 22.
4) F.Schleiermacher, *Herakleitos der Dunkle, von Ephesos, dargestellt aus den Trümmern seines Werks und der Zeugnissen der Alten*.
5) I.Bywater, *Heracliti Ephesii Reliquiae*.（以下、*HER*.と略す）
6) H.Diels, *Die Fragmente der Vorsokratiker*.（以下、*VS*.と略す）
7) O.Gigon, *Untersuchungen zu Heraklit*.（以下、*UzH*.と略す）
8) G.S.Kirk, *Heraclitus. The Cosmic Fragments*.（以下、*HCF*.と略す）
9) Marcovich. ibid.
10) C.H.Kahn, *The Art and Thought of Heraclitus*.（以下、*AThH*.と略す）
11) Kahn. ibid. in Preface.

12) K.J.Boudouris, Heraclitus and the Dialectical Concept of Politics. (in *Ionian Philosophy*. ed. by K.J.Boudouris.)
13) Diog. Laert. 9. 3.

第1章
ヘラクレイトスの宇宙論

　アリストテレスによってイオニアの自然学の最後に位置づけられたヘラクレイトスの思想は、「火（$πῦρ$）」をアルケーとするものであったと伝えられている[1]。本研究の主題として掲げた「ヘラクレイトスにおける人間のプシューケー」について論ずるにあたって、われわれは、まず、彼の展開した宇宙論について考察しておかねばならない。なぜならば、世界内における生成消滅が、ひとつの閉じた円環的変化として捉えられるということ、さらに、個物と世界全体との双方における変化の際の生成方向と消滅方向への割合が、共通したひとつの用語によって説明されうるということが、後に検証する人間の「知」と「プシューケー」を論ずる際の基調となると考えられるからである。本章においては、まず、アルケーとされる「火」とその変化について論じ、次いで、「火」と万物との関連について論ずる。

第1節　「永遠に生きる火」

　断片　30．「このコスモスは、それはすべてのものにとって同じものであるが、神々あるいは人間たちのうちのだれかが作ったものではなくて、それは常に存在したし、存在しているし、存在するであろう。（それは）永遠に生きる火であり、定量だけ点火され、定量だけ消火される。」
　（κόσμον τόνδε, τὸν αὐτὸν ἁπάντων, οὔτε τις θεῶν οὔτε ἀνθρώπων ἐποίησεν, ἀλλ' ἦν ἀεὶ καὶ ἔστιν καὶ ἔσται, πῦρ

　　　　　　 ἀείζωον, ἁπτόμενον μέτρα καὶ ἀποσβεννύμενον μέτρα.)
　断片　31a．「火の転化。最初は海、しかるに、海から半分は土が、半分はプレーステールが……。」
　　　　　（πυρὸς τροπαί, πρῶτον θάλασσα, θαλάσσης δὲ τὸ μὲν ἥμισυ γῆ, τὸ δὲ ἥμισυ πρηστήρ.)
　断片　31b．「〈土から〉海は溶解され、そして、土が生ずるより以前にそうであったとまったく同じ割合で測定される。」
　　　　　（θάλασσα διαχέεται, καὶ μετρέεται εἰς τὸν αὐτὸν λόγον ὁκοῖος πρόσθεν ἦν ἢ γενέσθαι γῆ.)

　断片30について論ずる。まず、そこでは、「コスモス（κόσμος）」の永続性と独自性が語られていると考えられる。「コスモス」の永続性に関しては、εἰμι を未完了過去形、現在形、未来形の三時制において並置することによって、過去から未来へ亘る時間の連続の中に、「コスモス」の永続性が示されている。また、アリストテレスが提起した、ἀεί がどの語を修飾しているのかという問題に関しても[2]、私は、断片にあるがままに、その語は ἦν を修飾していると考える。それは、「コスモス」が「常に（本当に）存在した」という意味で、過去を強調するために ἀεί が用いられていると考えるためである。

　「コスモス」の独自性に関しては、神々や人間たちによる創造を拒否することによって、その独自性と優先性が示されている。そして、そのような「コスモス」が、πῦρ ἀείζωον、すなわち、「永遠に生きる火」であると述べられる。「永遠に生きる」という言葉は、「コスモス」の永続性を再確認する用語であるとともに、神々や人間たちという他からの創造を拒否する根拠を明らかにする用語である。「コスモス」は自身で《生きる》。すなわち、それは他からの一切の働きかけを必要とせず、自存するというのである。

　そして、「コスモス」は、「永遠に生きる火」が一定量の点火と消火を同時に反復することを、具体的内容として持っている。ἁπτόμενον μέτρα と

第 1 章　ヘラクレイトスの宇宙論

$\dot{\alpha}\pi o\sigma\beta\epsilon\nu\nu\acute{\upsilon}\mu\epsilon\nu o\nu\ \mu\acute{\epsilon}\tau\rho\alpha$ を結合している $\kappa\alpha\acute{\iota}$ は、同時性を意図していると考えられる。なぜならば、ここで、$\mu\acute{\epsilon}\tau\rho\alpha$ 解釈に関しては、ギゴンがそれに与えたような時間的解釈は[3]妥当なものであるとは思われない。もし、「永遠に生きる火」である「コスモス」が、「一定の時間だけ」点火の方向へ変化し、また、「一定の時間だけ」消火の方向へ変化するのであるならば、後述するような、一見しただけでは顕らかでないような緊張関係、すなわち、「隠れた調和」がその平衡を崩してしまい、「コスモス」の永続性も成立しえなくなると考えられるからである。$\mu\acute{\epsilon}\tau\rho\alpha$ は「一定量だけ」と量的に解釈する方が、妥当であると思われる。「一定量」の点火と「一定量」の消火が、$\kappa\alpha\acute{\iota}$ によって結合され、同時性を保障することによって、「コスモス」自体の永続性を根拠づけるとみなすからである。

　元来、「コスモス」という言葉は、「秩序」以外に「装飾」という意味を持ってはいるが、この断片の「コスモス」を「装飾」の意味に捉えるならば、「永遠に生きる火」との同格関係が成立困難となるであろう。また、「定量だけ点火され、定量だけ消火される」という変化の中にある「一定性」を、「装飾」という意味は保ちえないであろう。「コスモス」は、ひとつの「秩序」でなければならないのである。

　そして、「コスモス」は、「すべてのものにとって同じものである」と語られる。それでは、この場合の「同じ」とはいかなる意味であろうか。私はそれを《共通性》であると考える。「永遠に生きる火」と等置される「コスモス」は、《定量性》に則って、すべてのものに「共通して」永続的に存在するのである。断片30は、《定量性》という概念を用いることによって、世界の恒常性に関して、それを概括的に説明する断片であるといえるのである。《定量性》を世界内での具体的変化の中に開示してみせるものは、断片31a、31b である。

　断片31a においては、変化の過程における「下り道」[4]が示されている。$\tau\rho o\pi\alpha\acute{\iota} < \tau\rho o\pi\acute{\eta}$ という言葉は、太陽の運行における転回点、すなわち、「至」を意味することからも窺うことができるように、方向の転換を示唆する用

19

語である[5]。しかし、断片31a に展開されている変化の過程は、生成方向のみへの変化過程であり、そこには転回は存しない。この断片において、「転化」と訳出した $τροπαί$ は、複数形で用いられていることも考慮に入れるならば、「火」がさまざまな別のものへと変化することを意味する用語である、と考えられるのである。さて、変化の「下り道」においては、「火」から「海」がまず生起してくる。そして、「海」から「大地」と「プレーステール」が同量ずつ生起する。断片31a における「下り道」とは逆に、「上り道」について叙述するものが断片31b である。二つの断片が表裏の関係にあること、先の断片30との内容上の明かな連続性と親近性、さらに、三つの断片の出典がクレメンスであることから、断片30、31a、31b の意味内容をひとつの図式によって表現できるであろう。

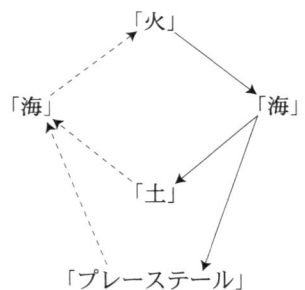

ここで、① 実線と点線が表す変化の量は、それぞれ、対応する部分において等しい
② 「海」の量＝（「土」＋「プレーステール」）の量
③ 「土」の量＝「プレーステール」の量

上図が、ヘラクレイトスの宇宙論を構成する基本構造を示すものであると考える。世界は「火」に発し「火」に還る、ひとつの閉じた円環として表現される。この円環構造に、ディオゲネス・ラエルティオスが伝える、より具体的な天体、気象学上の現象についての証言[6]を加えて考察してみ

よう。まず、その証言内容を整理して列挙してみるならば以下のとおりである。

(1) 濃縮による「火」から「水」への変化、および、凝固による「水」から「土」への変化が、「下り道」である。
(2) 溶解による「土」から「水」への変化、および、「水」から「残りのもの」への変化が、「上り道」である。
(3) ほとんどのものは、「海」と「大地」からの「蒸発物」であり、昼夜、月、季節、年、雨、風は、さまざまな「蒸発物」によって起こる。前者からの「蒸発物」が明るくて清いものであるのに対して、後者からのそれは暗い。「火」は明るい「蒸発物」によって養われる。前者が昼と夏、後者が夜と冬の原因である。
(4) 天空にある「椀」の中に、明るい「蒸発物」が集まり燃えて「星辰」となり、それらの中で、最も明るくて熱いものが「太陽」である。「月」は、より「大地」に近くて清くない領域を運行する。
(5) 「蝕」は「椀」が上方に傾くことによって、「(月の)相」は「椀」の回転によって起こる。

それでは、これらの具体的現象(1)(2)(3)(4)(5)は、図のどこに妥当するのであろうか。(1)は断片31a を、(2)は断片31bを要約したものであると考えてよいであろう。(3)(4)(5)においては、断片中には残されていない「蒸発物 ($\dot{\alpha}\nu\alpha\vartheta\nu\mu\acute{\iota}\alpha\sigma\iota\varsigma$)」という用語が、具体的現象を説明する重要な役割を演じている。証言内容を図にあてはめるならば、それらは「海」と「プレーステール」相互間における変化に相当すると思われる。

ヘラクレイトスの宇宙論に関するディオゲネス・ラエルティオスの証言は、クレメンスに依拠している断片の一部分について、その叙述をわれわれが経験できる現象に意訳したものであると考えられ、われわれに具体的現象に関する説明を与えている。ところで、私は、ディオゲネス・ラエル

ティオスの証言における「蒸発物」という用語に着目したい。その用語が、「永遠に生きる火」と「海」「大地」を直接結び付ける役割を負っているからである。言い換えれば、それが「天」と「地」の間を説明しうる用語であると考えるからである。「蒸発物」は、「海」と「大地」に由来し、「天」との間を満たすという規定を受けることから、類比的に考えるならば、「空気」という要素を連想させる。

すでに多くの研究者たちも指摘してきたように、ヘラクレイトスの宇宙論的叙述の中には、世界を構成する四つの基本的要素のひとつである「アエール（ἀήρ, 空気）」が欠落している。ヘラクレイトス断片中において、具体的に「アエール」という言葉を含むものは、第5章第2節に後述するように、断片76しか残されていない。

私はヘラクレイトスにおける「空気」の問題に関しては、基本的にカーンの解釈に同意する。彼の解釈は、ヘラクレイトスの宇宙論解釈に果たしたストア学派の意義を積極的に評価して、ヘラクレイトスの中に「アエール」を認めようとするものである[7]。なぜならば、ヘラクレイトスにおける宇宙論的叙述と、「プシューケー」に関する叙述が、「アエール」という要素を認めることによって、共通する視点から論ずることができるであろうと、考えるからである。

ギゴンが「アエール」を否定するために提出した論拠、すなわち、断片36との関連において、「人間は肉体、血液、魂から成るのであって、第四のもの（空気）は不用である」[8]という主張に対しては、断片126に残された「冷たいもの、熱いもの、湿ったもの、乾いたもの」という、《四つの元素》を意味しうる属性を表す言葉を反論として提示できるであろう[9]。さらに、彼の「ミレトスの自然学者たちは、そもそも元素の数を知らなかった」[10]という発言に対しては、それが、プルタルコスを例示しながら、断片76を偽作として拒否するという主張と連関しているにせよ、ヘシオドス以来の宇宙論的伝統の中に生きていた当時のギリシア人たちの常識にすら反する発言であるとして、それを拒否できるであろう。

第1章　ヘラクレイトスの宇宙論

　ストア学派による解釈を評価し、「天」と「地」を結び付ける中間的要素として「蒸発物」を考えようとする立場からは、「アエール」をストア学派による単なる挿入として拒否する、カークの主張も[11]ギゴンと同様に拒否されねばならないであろう。
　さて、「蒸発物」には、「海」からのものと「大地」からのものとの二種類があり、性質的には相違があるものの、ともに、それらは「天」と「地」との広大な領域を占めるものである。言い換えれば、それは、ディオゲネス・ラエルティオスが例示したような、「地」に近い現象から「天」における現象までを、同時に説明する用語である。そして、それは先の図においては、各変化間での「上り道」「下り道」を説明する用語である。さらに、それは断片126における四つの性質を、それぞれの変化間において示しうるものであるとも想定される。たとえば、「海」から「プレーステール」への「下り道」においては、それは「乾」という性質を示すのであり、「土」から「海」への「上り道」においては、それは「湿」という性質を示しうるものとみなしうるのである。
　「蒸発物」は、このように各変化間に考えられうるのであって、ギゴンの主張のように[12]、直接、「プレーステール」と同一視されるべきではないであろう。
　「プレーステール」自体は、研究者たちによってさまざまに解釈されてきた用語である。私自身は、「プレーステール」が「海」や「土」という要素におけると同様に、変化の到着点であると同時に開始点でもあることから、ツェラー（E.Zeller）がそれに与えた「灼熱した風」[13]とか、バーネット（J.Burnet）による「海上での火のような竜巻を伴うハリケーン」[14]とか、チャーニス（H.Cherniss）による「海上での火のような竜巻」[15]といった、ひとつの気象現象のみを意味する用語ではなくて、それらを総称するものではないかと考えている[16]。
　「プレーステール」解釈に関する私のこのような試みは、ルクレティウスやセネカの記述の中にも、彼らが行なうその用語解釈との一致点を見い出

すことができない[17]。しかし、「海」から「土」と「プレーステール」への二種類の変化において、前者の変化が海岸線の上昇や沈下に見られるように、長時間的で緩慢な変化、すなわち、受動的ともいえる変化であるのに対して、後者の変化は、一挙に「海」と「天」を繋ぐ能動的な変化であると考えられる。われわれがそのような変化を具体的現象の中に適用させる時、それは海水を巻き上げる竜巻であり、流れ星でり、雷光であると、個別的に呼称されるのではないであろうか。

　さて、断片31a、31b 解釈に関して残された問題点は、各要素間における変化が、継続的で時間的な変化であると考えられるのか、あるいは、連続した変化ではなくて、同時的に生起する変化であると考えられるのかという問題である。なぜならば、その問題が、アリストテレスによって提起された[18]「大年」あるいは「エクピュローシス（$\dot{\varepsilon}\kappa\pi\dot{\upsilon}\rho\omega\sigma\iota\varsigma$）」を、ヘラクレイトスの宇宙論の中に認めるかどうかという点に関連すると考えられるからである[19]。

　ここで、「エクピュローシス」に関して論じておきたい。断片30においては、「コスモス」の永遠性が、ひとつには、述語動詞 $\varepsilon\dot{\iota}\mu\iota$ が未完了過去形、現在形、未来形の三時制で並置されていること、ひとつには、「コスモス」と「永遠に生きる火」との同格関係によって述べられていた。しかし、「永遠に生きる火」の点火と消火について、それらを世界内の具体的要素に則して語る断片31a、31b においては、$\pi\rho\hat{\omega}\tau o\nu$（断片31a）、$\pi\rho\acute{o}\sigma\vartheta\varepsilon\nu$（断片31b)という副詞が用いられている。普通これらの副詞は、それぞれ、「最初に」「以前に」という時間的意味をもって解釈される用語である。その意味を用いるならば、断片31a は「火の転化。最初は海、（次に）海から半分は土が、半分はプレーステールが……」と時間的順序に従う変化について叙述する断片として意訳されることになる。また、断片31b についても、「……土が生ずるより以前に、そうであったと同じ割合で……」と訳すことができるが、この場合もやはり時間的に解釈されることになる。先に断片30における $\mu\acute{\varepsilon}\tau\rho\alpha\cdots\mu\acute{\varepsilon}\tau\rho\alpha\cdots$ について論じたと同様に、それをギゴンの主張に

第1章　ヘラクレイトスの宇宙論

みられるように時間的に解釈するならば、断片31a、31bにおける変化を時間的に連続する変化として受け取ることに矛盾はなくなるのである。

しかし、私は $\mu\acute{\epsilon}\tau\rho\alpha\cdots\mu\acute{\epsilon}\tau\rho\alpha\cdots$ を変化の割合における一定性から、言い換えれば、現実的世界の恒常性から量的に解釈するという立場をとった。したがって、私は、断片31a、31bにおいて用いられた二つの副詞も、変化における時間的順序を意味するものではなくて、叙述における前後関係を意味するものであると考える。それらは、各要素間における変化の「上り道」「下り道」を説明する際に、叙述の前後関係を明確にするためにヘラクレイトスが用いた副詞なのである。

変化を時間的順序に従うものとして解釈する研究者は[20]、必然的に、ヘラクレイトスの宇宙論の中に変化の開始点と終了点を認めることになる。すると、世界は「火」から発し、再び「火」に戻ることになる。これが、アリストテレスやテオフラストス[21]によって示された「エクピュローシス（$\dot{\epsilon}\kappa\pi\acute{\upsilon}\rho\omega\sigma\iota\varsigma$）」である。そして、世界に最初と最後を認める以上、もはや、断片30、31a、31bはヘラクレイトスの宇宙論としてではなくて、宇宙創造論としての性格を帯びることになる。一歩を譲って、カーンがいうように、「アリストテレス以前の哲学者たちの中には、何らかの形での宇宙創造論が存在した」[22]にしても、やはり、「エクピュローシス」をヘラクレイトスの中に認めることは、「コスモス」が「永遠に生きる」ものであると語られている以上、不可能であると考えざるをえないであろう。

そもそも、「エクピュローシス」の典拠であるアリストテレス『天体論』A280、a12においては、ヘラクレイトスはエンペドクレスと並置されることによって、世界の周期的生成変化を論じた先人として位置づけられている。しかし、われわれは、エンペドクレスにおける「愛（$\varphi\iota\lambda\acute{\iota}\alpha$）」と「憎しみ（$\nu\varepsilon\hat{\iota}\kappa o\varsigma$）」という二つの対立的な作用因的力を、ヘラクレイトスの宇宙論の中に見い出すことはできない。これらのことから、断片30、31a、31bは、日々反復的に生起している自然的変化の諸過程について叙述するものであって、宇宙創造論に関する叙述ではないといえるであろう[23]。

さらに、ヘラクレイトスは「コスモス」の永続性を支えている「永遠に生きる火」の変化が、ひとつの《定量性》を決して喪失するものではないということを、「火」と万物との「交換」という概念を用いて説明する。

第2節　「火」と万物の「交換」

断片　90[24]．「万物は火の、火は万物の交換物である。ちょうど、商品が金の、金が商品の（交換物である）ように。」
　　（πυρὸς τε ἀνταμοιβὴ τὰ πάντα καὶ πῦρ ἁπάντων, ὅκωσπερ χρυσοῦ χρήματα καὶ χρημάτων χρυσός.）

断片　67[25]．「神は昼夜、冬夏、戦争平和、飢餓飽食である。ちょうど、香料と混ぜられるときに、おのおのの香気に従って名付けられるのと同様に変化する。」
　　（ὁ θεὸς ἡμέρη εὐφρόνη, χειμὼν θέρος, πόλεμος εἰρήνη, κόρος λιμός, ἀλλοιοῦται δὲ ὅκωσπερ, ὁπόταν συμμιγῇ θυώμασιν, ὀνομάζεται καθ' ἡδονὴν ἑκάστου.）

　断片90においては、断片30、31a、31b において展開された各要素間における変化が、「火」と「万物」という用語に置き換えられることによって、一層包括的に論じられている。
　「火」が万物と交換されるということから、われわれは「火」の普遍性とともに、「火」と「万物」との等価性を考えることができるであろう。このような「火」と「万物」との交換は、断片10における「万物から一が、一から万物が（生ずる）」を連想させ、後述する「対立の一致」、あるいは、「対立関係の解消」を準備するものであるといえる。各変化の過程の中に存在している《定量性》という概念を、この断片の叙述にも適用できるわけである。
　変化の割合としての《定量性》は、「交換」という場面に適用される際には《等価性》を意味することになる。そして、それは「火と万物との交換」

第1章 ヘラクレイトスの宇宙論

というイメージを具体化させた、金と商品との交換という直喩によって示される。一定量の金塊に対して一定量の商品が交換の対象となりうる場合には、「金」の量が持っている価値全体に相当する価値を担うだけの商品の量が、交換の対象となるからである。ここで、ヘラクレイトスは、「金」を商品交換の対象とすることによって、「火」と「万物」との交換における、「火」の優先性をも類比的に暗示していると考えられる。

　断片67は、二つの文章から成立している。最初の文章において、「神（ὁ ϑεὸς）」が、四組の対立する用語の組と同格関係をなしている。四組のうちで、「昼夜」「冬夏」という二組は、自然の中にみられる対立関係であり、「戦争平和」「飢餓飽食」という二組は、人間の社会の中にみられる対立関係である。このことから、「神」は、例示された対立関係を示す四つの事例に留まるものではなく、存在しているすべての対立関係と同格関係をなすと考えられる。

　そして、この断片において単数形で用いられている「神」は、もはやギリシアにおける伝統的な人格神としては解釈されえず、それは、「対立関係の統一」を意図する、ひとつの《原理》として解釈される新しい「神」である。「対立の一致」や「神」については、それぞれ以下の章において論ずることにする。

　そこでいま、ヘラクレイトスの宇宙論に関連して考察の対象となるものは、断片67における第二の文章である。文意を考察する際に、まず、述語動詞 ἀλλοιοῦται に対応する隠された主語として何を考えるのかという問題を解決したい。

　すでに、多くの研究者たちによってこの問題を解決する試みがなされてきた。たとえば、マルコヴィッチのように、「名付けは、各々の香料に従うかもしれないが、本質はひとつであり、それは、すべてに臨在する火である」[26]として、主語を「火」と読む研究者の試みがあるが、私は主語として「神」を考える。それは、ひとつには、第一の文章との形式上の統一性を保つという観点から求められたものである。また、ひとつには、述語動詞

ἀλλοιοῦται が意味する変化が、香料の種類に即応する香気に比較されていることから、主語は、まざまな呼称を総合するものでなければならないと考えるからである。

　断片全体の文意は、「神は、対立関係において認識される万物の根源的統一を支える《定量性》である。しかし、われわれは、現実的には、そのような神をさまざまな具体的名称によって呼称している。それは、ちょうど、香料が香気によってさまざまに呼称されることと同様にである」と読むのが妥当であるだろう。

　そして、断片90における「火と万物との交換」についての叙述と、断片67における「神と、対立関係にある具体的事象との同格関係」という内容とを相互比較することによって、上に述べたように、断片67における単数形の「神」は、具体的名称を拒否したひとつの原理、すなわち、「火」と同一であると考えられることになる。

　ヘラクレイトスが展開した宇宙論は、先に図示することによって明確化したように、あたかも、いったん「火」から発して再度「火」に戻るという説明が妥当性を持つような、ひとつの円環的構造を持っていた。閉じた円という構造が持つ対称性と、変化の永遠性を支えている《定量性》、すなわち、変化の前後において、次の要素へと変化する量とその要素から還元してくる量の等しさによって、「交換」そのものの均等性と永遠性も同時に保証された。

　それでは、ヘラクレイトス哲学においてアルケーであるとされる「火」に関して、われわれは、それをどのようなものとして規定できるのであろうか。「火」に関して明確になった諸性質は以下のとおりである。すなわち、

① 生成変化というひとつの力動的な運動を支配するものであることから、《生命的である》ということ。
② 万物との等価、等量的「交換」が成立するということから、《普遍的

第1章　ヘラクレイトスの宇宙論

である》ということ。
③　万物に普遍的であるにもかかわらず、われわれがそれを認識する際には、二極分解した結果としてのみ、すなわち、対立関係の組としてのみ捉えられることから、《不可視的である》ということ。
④　世界を構成する素材であることから、《質料的である》ということ。

　ヘラクレイトスの「火」は、アルケーであるという抽象的な側面と同時に、われわれが具体的に眼にする、実際の炎によって表現されるような質料的な意味を強く持っているといえる。
　ヘラクレイトスにおける「火」の性質を上記のようにみなし、かつ、ヘラクレイトスが説く宇宙論的変化の中に「アエール」を認める立場をとることから、私は、「火」の本質を、「アエール」の最も純粋な形であるとされる「アイテール（αἰϑήρ）」ではないかと考える。
　現存諸断片中に残されていない「アイテール」を「火」の本質とみなすことは、論拠の無いことであるという批判を蒙るかもしれない。しかし、私は以下のような根拠を提出する。

①　世界の最も外側において燃焼している太陽や星辰の本質は、「蒸発物」が集まり発火したものであるという自然観が、古代ギリシアに見られること[27]。そして、この「蒸発物」は、「アイテール」であると考えられていたこと。
②　「火」と「海」との間の変化は、まったく性質の異なる要素間における変化であるが、「火」の本質を「アイテール」と考えることによって、その劇的な変化を「アイテール」＝「空気」＝「海」という相互変化として、「乾湿」という量的な判断基準を用いて説明できること。
③　断片30において「火」に冠せられている「永遠に生きる」、言い換えれば、「不死なる」という形容詞は、「神」に対して用いられるのが従来の用法である。しかし、断片30における「永遠に生きる火」という

表現から、「神」に等しい内容を持つことになる「火」とは、ヘラクレイトスや彼の同時代人エンペドクレス以前には、オルフェウスやムーサイオスに見られるように、「アイテールとしての火」が担っていたということ。

　これらのことから、私は、ヘラクレイトスの宇宙論における「火」の本質を「アイテール」であると考える。そして、このように「火」の本質を「アイテール」であるとみなすことは、本稿において人間の「プシューケー」を検討する上で重要な意味を持つことになる。
　われわれは、次に、ヘラクレイトスが語る「対立の一致とハールモニエー」について考察せねばならないであろう。それは、宇宙論的変化においてのみ見られるのではなく、われわれ自身の身体的状況や「プシューケー」においても見られる、とヘラクレイトスは語る。われわれが日常経験する「対立関係の解消」を分析し、その「一致」について「知る」ことこそが、宇宙と人間の「プシューケー」の本質であるとみなす「アイテール」に覚醒する契機となるからである。

注1) Arist., *Metaphysica*.（以下、*Met*.と略す）A3.984a7.＝DK.22 A5.
　2) Arist., *Rhetorica*.（以下、*Rhet*.と略す）Γ3.1407b15.＝DK.22 A4.
　3) Gigon, *UzH*. p.61.
　4) Diog. Laert., 9.9.
　5) 古代ギリシアの天体論、特に、「至」「春秋分点」に関しては、D.R.Dicks, Solstices, Equinoxes, and the Presocratics. *JHS*. 86 (1966) に詳しい。
　6) Diog. Laert., 9.7-11.
　7) Kahn, *AThH*. p.135.
　8) Gigon, ibid. p.99.
　9) ロイドも、「最初の哲学的文脈（ヘラクレイトス断片126）が、これら4つの対立物（冷熱乾湿）の相互作用を描いている」(G.E.R.Lloyd, Hot and Cold, Dry and Wet in Greek Philosophy. *JHS*. 84 (1964) p.100.) と述

第1章　ヘラクレイトスの宇宙論

べている。
10) Gigon, ibid. p.99.
11) Kirk, *HCF*. p.329.
12) Gigon, ibid. p.66.
13) E.Zeller＝W.Nestle, *Die Philosophie der Griechen in ihrer geschichtlichen Entwicklung*.（以下、*ZN*.と略す）p.815.
14) J.Burnet, *Early Greek Philosophy*. p.149.
15) H.Cherniss, *AJP*. 56 (1935) p.414f.
16) ガスリーは、「プレーステール」を具体的な気象現象と考えず、それを「天空において燃えている物質」としている。(W.K.C.Guthrie, *A History of Greek Philosophy*.（以下，*HGP*.と略す）I. p.464.)
17) Lucretius, VI. 424.
　　Seneca, *Questiones Naturales*. V. xiii, 3.
18) Arist., *Physica*. Γ5. 205a4f.;　*Met*. A3. 983b8.
19)「エクピュローシス」をヘラクレイトスに認める研究者は、ツェラー (Zeller, ibid. pp.879-881.)、バーネット (Burnet, ibid. p.158f.)、ラインハルト (Reinhardt, *Parmenides*. p.169f.)、ギゴン (Gigon. ibid. p.58.)、ウィールライト (P.Wheelwright, *Heraclitus*. pp.50ff.)、カーン (Kahn, ibid. p.152.) である。
　　それに対して、認めない研究者は、ヴラストス (G.Vlastos, Equality and Justice in Early Greek Cosmologies. *CP*. 42 (1947) p.165.: On Heraclitus. *AJP*. 76 (1955) p.311.)、カーク (Kirk, ibid. p.335.)、ガスリー (Guthrie, ibid. pp.457-58.)、マルコヴィッチ (Marcovich, ibid. p.272.) である。
20) Gigon, 注3) 参照。
21) アリストテレスについては、注18) 参照。Theophrastus, $Φυς.$, $Δοξ.$, fr. 1＝DK 22. A5.
22) Kahn, *Anaximander and the Origins of Greek Cosmology*. p.225. n.2.
23) 断片31を宇宙創造論と考える研究者は、ギゴン、カーンに代表される。
　　Gigon, ibid. p.51.
　　Kahn, *AThH*. p.135ff.
24) この断片90における「交換物 ($ἀνταμοιβή$)」という用語の中に、カーンは、「罪に対する償い」という意味を積極的に解釈している。(Kahn. ibid. p.146-47.) カーンによれば、「償い」という概念は、アナクシマンドロス断片1にみられる、「存在しているものは……時間の配列に従って相互に不正の償い ($τίσις$) をなす」という思想に呼応する。しかし、本文において論

ずるように、「交換物」という用語は、「火」と「万物」との《等価性》を意味すると考えられ、それは、変化における《定量性》と置き換えられることによって、世界の「永遠性」を支持する概念となる。ヘラクレイトスの宇宙論的叙述の中に、「エクピュローシス」という思想を読み取ろうとするカーンが、この断片における $ἀνταμοιβή$ に「償い」の意味を見る意図は理解できるけれども、彼の解釈には同意できない。

25) この断片67の第二の文章の主語が何であるのか、という問題に関して、本文に挙げた読み以外には、フレンケルが隠れた主語として、「オリーブ油」をたてているのが注目される。彼の試みは、「神」の祭壇に捧げられるものとして、香料を捉えるところから導き出されたものである。(H.Fränkel Heraclitus on God and the Phenomenal World. *TPAPA*. 69 (1938) p. 231ff.)

  cf. Marcovich, ibid. p.415.
   Diels=Kranz, *VS*. p.165.

26) Marcovich, ibid. p.415.
 Marcovich, *Herakleitos*. (Sonderausgaben der *Paulyschen Real-encyclopädie der classischen Altertumswissenschaft*.(以下、*RE*. と略す) p.305.)
  cf. W.A.Heidel, Qualitative Change in Pre-Socratic Philosophy.
   AfGP. 19 (1906) p.355.

27) Aetius. 2, 6.3. (D.334)＝DK. 31 A49.
 Arist., *Meteolologica*. 365 b.22.

第2章
「対立の一致」と「不可視なるハールモニエー」

　ヘラクレイトスは、世界の中に存在し、人間を取り巻いている事物が、すべてひと組の対立関係によって捉えられると考えた。そのような対立関係は、人間の内部にも見られる。本章では、「AとBは同じものである」と語る際に、ヘラクレイトスが「一致」や「同一」という言葉によって意図していたものが何であったかについて考察する。

第1節　ひとつの主体に対して、相反する述語づけがなされることによって成立する対立関係とその結合

　断片　59[1]．「文字にあっては、道は真っ直ぐであり、かつ、曲がっている。」
　　　　　($γραφέων$ $ὁδὸς$ $εὐθεῖα$ $καὶ$ $σκολιή$.)
　断片　60[2]．「上り道下り道はひとつで同じである。」
　　　　　($ὁδὸς$ $ἄνω$ $κάτω$ $μία$ $καὶ$ $ὡυτή$.)
　断片　103[3]．「円に関しては、最初と最後は共通である。」
　　　　　($ξυνὸν$ $γὰρ$ $ἀρχὴ$ $καὶ$ $πέρας$ $ἐπὶ$ $κύκλου$.)

　これら三つの断片中に述べられている対立を示す事例は、すべて人間が経験できるものである。これらの断片を参考にしてその特徴を抽出してみるならば、叙述されている対立関係が成立するために、ひとつの条件が置かれていることが分かるであろう。すなわち、ある主体に対して加えられたひとつの制限・条件の下においてのみ、その主体に対立的意味を持つ述

33

語を付加することができる。

　断片59では「直と曲」、断片60では「上りと下り」、そして、断片103では「最初と最後」という、意味においては対立している言葉が、それぞれ、「文字においては」「道においては」「円周上においては」という条件の下では一致する、ということが語られるのである。このような対立の解消、対立の一致は、厳密な意味で一致であるといえるであろうか。この問いに対しては、否定的な回答しか与えられないであろう。

　取り挙げられた対立の一致は、付帯条件下での一致であってすべての場合に妥当するわけではない。さらにいえば、これらの断片は、本来ひとつであるものの中に相反する性質を見い出して、そのような対立する一組の性質について述べていると考えられる。「文字における直と曲」「上り道と下り道」「円周における最初と最後」という対立関係は、すべて人間が叙述する際に生起してくる対立的意味にすぎない。これらの対立関係は、人間自身の視点の差異によって見い出された対立関係、すなわち、主体が二つの極のいずれの側に、より重点を置くかによって生じてきた対立関係であるといえるであろう。

　ヘラクレイトスが述べる対立関係のうちには、このように相対的な意味しか持っていない対立関係であると考えられるものが含まれる。このような、視点の差異によってひとつの対象の中に対立する組み合わせを見い出しうるという解釈を、さらに別の諸断片に依って考えてみる。

断片　61．「海水は最も純粋で、かつ、最も汚れたものである。魚にとっては飲むことができて健康によい一方で、人間にとっては飲むことができず有害である。」
　　　($\vartheta\acute{\alpha}\lambda\alpha\sigma\sigma\alpha$ $\H{v}\delta\omega\rho$ $\kappa\alpha\vartheta\alpha\rho\acute{\omega}\tau\alpha\tau\text{o}\nu$ $\kappa\alpha\grave{\iota}$ $\mu\iota\alpha\rho\acute{\omega}\tau\alpha\tau\text{o}\nu$, $\grave{\iota}\chi\vartheta\acute{v}\sigma\iota$ $\mu\grave{\varepsilon}\nu$ $\pi\acute{o}\tau\iota\mu\text{o}\nu$ $\kappa\alpha\grave{\iota}$ $\sigma\omega\tau\acute{\eta}\rho\iota\text{o}\nu$, $\grave{\alpha}\nu\vartheta\rho\acute{\omega}\pi\text{o}\iota\varsigma$ $\delta\grave{\varepsilon}$ $\grave{\alpha}\pi\text{o}\tau\text{o}\nu$ $\kappa\alpha\iota$ $\grave{o}\lambda\acute{\varepsilon}\vartheta\rho\iota\text{o}\nu$.)

断片　13b．「(豚は)清純な水よりもむしろ汚水を喜ぶ。」
　　　($\H{v}\varepsilon\varsigma$ $\beta\text{o}\rho\beta\acute{o}\rho\omega$ $\H{\eta}\delta\text{o}\nu\tau\alpha\iota$ $\mu\hat{\alpha}\lambda\lambda\text{o}\nu$ $\H{\eta}$ $\kappa\alpha\vartheta\alpha\rho\hat{\omega}$ $\H{v}\delta\alpha\tau\iota$.)

断片　9．「驢馬は黄金よりも麦藁を好む。」

第2章 「対立の一致」と「不可視なるハールモニエー」

(ὄνους σύρματ' ἂν ἑλέσθαι μᾶλλον ἢ χρυσόν.)

　これら三つの断片は、ひとつの同じ対象が、それに関与する主体が異なることによって、まったく相反するあり方で認識されるということを、言い換えれば、ひとつの対象がまったく対立的な価値を各々の認識主体に与えうるということを示している。このように、対立関係そのものを、相対的なものと考える解釈に対しては、ガスリー（W.K.C.Guthrie）のように、それを「位相（aspect）」の相違によって説明しようとする立場が妥当なものであると考えられる[4]。三つの断片を以下のように図示してみるならば、叙述の方法には主体と客体のいずれに重点が置かれているかという点において相違がみられるものの、ヘラクレイトスが意図していたと思われる意味内容は明らかであるといえるであろう。

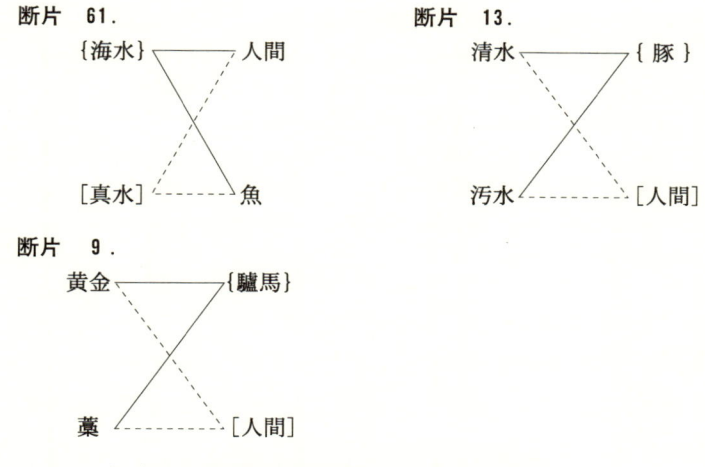

断片　61.
　　{海水}━━━人間
　　　　　╳
　　[真水]┄┄┄魚

断片　13.
　　清水┄┄┄{豚}
　　　　　╳
　　汚水━━━[人間]

断片　9.
　　黄金━━━{驢馬}
　　　　　╳
　　藁┄┄┄[人間]

ここで、{ } は、断片が示す主体、あるいは、客体。
　　　　[ ] は、断片において隠された主体、あるいは、客体。
　　　　実線は、断片の内容を示す。
　　　　点線は、断片において隠された主体、あるいは、客体を読んだときの内容を示す。

それでは、これらの断片において示されている対立関係が相対的なものであるならば、人間がそこに認める対立の一致そのものも、また相対的なものに留まらざるをえないであろう。ここでは、絶対的統一としての一致を意図していたわけではないと考えられる。さらに、ヘラクレイトスは、人間が経験を超える絶対的統一を認知しえない、ということを基本的認識としていたと推論する。

第2節　人間全体に共通する経験的事物における対立関係とその解消

断片　111.　「病気は健康を快いものとなし、飢餓は飽食を、疲労は休息を。」
　　(νοῦσος ὑγιείην ἐποίησεν ἡδὺ καὶ ἀγαθόν, λιμὸς κόρον, κάματος ἀνάπαυσιν.)

断片　88[5).　「生者死者、覚醒睡眠、若さ老いは同じである。というのも、前者が後者へ変化し、逆に、後者が前者へ変化するからである。」
　　(ταὐτό τ᾽ ἔνι ζῶν καὶ τεθνηκὸς καὶ τὸ ἐγρηγορὸς καὶ τὸ καθεῦδον καὶ νέον καὶ γηραιόν· τάδε γὰρ μεταπεσόντα ἐκεῖνά ἐστι κἀκεῖνα πάλιν μεταπεσόντα ταῦτα.)

断片　126.　「冷たいものは暖かくなり、暖かいものは冷たくなる。湿ったものは乾き、渇いたものは湿る。」
　　(τὰ ψυχρὰ θέρεται, θερμὸν ψύχεται, ὑγρὸν αὐαίνεται, καρφαλέον νοτίζεται.)

　これら三つの断片は、前節に取り挙げた諸断片とは意味するところが異なる。それは、先の断片において扱われていた対立を示す事例が、ひとつの主体の判断に依存するものであったのに対して、人間全体に共通する経験的事項における対立関係を取り挙げて述べているからである。ヘラクレイトスは、事物の変化や運動について、それらを純粋に論理的な原理から説明しようとするのではなく、その内部に自己変革の潜在力を持った、《生きた》実体の中から、事物に適合する一般的原則を帰納的に導き出している。

第2章 「対立の一致」と「不可視なるハールモニエー」

　断片111から論じたい。まず、叙述されている「病気と健康」「飢餓と飽食」「疲労と休息」というそれぞれの対立したものの組み合わせが、すべて他の断片においても繰り返して用いられていることから[6]、ヘラクレイトスにとって、対立を示すこれらの組み合わせは、人間が日常的に経験する対立的状態を表現するために好都合なものであると同時に、人間全体に共通するという条件をも兼備したものであったと推定したい。また、これら三組の対立を示す組み合わせは、ある時点における人間の肉体の状態に他ならない。断片の内容からするならば、「健康」「飽食」「休息」といった、肉体の望ましい状態に関する認識が、「病気」「飢餓」「疲労」という、望ましくない状態に関する認識に依拠するものであるということになる。

　しかし、われわれは日常生活においては、病気そのもの、あるいは健康そのものを意識するわけではない。われわれは、ある瞬間における肉体の状態を、病気と感じたり健康であると感じたりするのであって、肉体の状態は、「病気」と「健康」を両極とする連続したひとつの線分として説明することができる。つまり、「病気」と「健康」は、可逆的連続性を持つと考えられることから、対立は解消される。残りの二組の対立を示す組み合わせに関しても、まったく同様の説明が可能である。

　これらの対立関係においては、対立的意味を持つとして例示されているそれぞれの用語は、語義自体からみるならば完全に相反している。その意味では、対立性の解消はありえないといえる。けれども、「病気と健康」「飢餓と飽食」「疲労と休息」という対立を示すそれぞれの組を考える際において、われわれはあくまで、自分や他人のある時点における身体的状態としてそれらを把握するのであって、抽象的概念としてそれらを考えるわけではない。

　断片中には、$\dot{\eta}\delta\dot{v}\ \varkappa\alpha\grave{\iota}\ \dot{\alpha}\gamma\alpha\vartheta\grave{o}\nu$ という二つの形容詞が目的格補語として用いられている。この断片111において対立関係が叙述されるにあたっては、対立する用語、たとえば、「病気」と「健康」を入れ替えてみても対立的意味は崩れないことから、どちらの用語も主語となりうるといえる。そ

れでは、この断片において、ヘラクレイトスは ἀγαθόν に対する κακόν を考えていたのであろうか。用語を入れ替えるならば、断片は、「健康は病気を悪いものとなし……」となるだろうからである。

　カークは「悪」であると知られる対立物が存在しなければ、何かを「善」として性格づけることは不可能であろう」[7]と述べて、κακόν の存在を否定していない。また、ガスリーも「価値の面においては、対立物は、それに対立するもの(善悪、正義不正)がないと成立しない」[8]と語って、やはり「悪」の存在を否定しない。ヘラクレイトスが、「善悪」といった価値的対立に関する認識を持っていた、とみなす立場に対して私は異論を唱えるものではない。しかし、「善悪」という対立をヘラクレイトスに想定するにしても、この断片111においては、倫理的意味を持つとは思われない。

　そこで、次に、対立的意味が解消する根拠についても叙述されている断片88を考えてみたい。断片88に挙げられた三組の対立を示す組み合わせのうちで、「睡眠と覚醒」という組は、先の断片111における三組の場合と同様に解釈できるであろう。すなわち、人間は生涯にわたって、これら二つの状態の間を連続的に往復するのであって、語義自体の間に経験的に可逆的連続性を見い出すことができる以上、そこに、厳密な意味での対立を規定することはできないであろう。

　しかし、「睡眠と覚醒」という組以外の残りの二組の対立を示す組み合わせにおいては、「死」は「生」を経験できず、「老い」は「若さ」を体験できない。これは人間の経験の範囲を逸脱しており実証することは不可能である。語義における相反は当然のことであるけれども、たとえ、対立関係の間に連続性を見い出すことができるにしても、可逆性を説明できないという点で、「生者と死者」「若者と老人」という対立を示す二つの組は、「睡眠と覚醒」という組からは区別されるのである。それでは、なぜヘラクレイトスは、同一の根拠によって、「生者と死者」「若者と老人」という対立関係の一致を説明したのであろうか。

　ひとつには、当時のギリシア人の一般的な霊魂観もヘラクレイトスに影

第2章 「対立の一致」と「不可視なるハールモニエー」

響を与えていたかもしれない。プラトンが『パイドン』70Cにおいて、「昔からこのような話があって、それをわれわれは憶えている。つまり、あの世にはこの世から到った霊魂たちがいて、それらがこの世に来て死んだ者たちから生まれるという話をだ」[9]と語るように、霊魂の輪廻に関する素朴な畏怖と信仰が存在していたと考えられる。実際に多くのギリシア人たちは、孫が祖父母の生命を継承すると考えた結果、孫たちに祖父母の名前を付けているのである[10]。第4章第1節に取り挙げる断片40、(129)においては、ピュタゴラスの名が見られる。霊魂の輪廻という思想に関しては、われわれは、ピュタゴラスに顕著にそれを見ることができる。資料として残されてはいないが、ヘラクレイトスの断片中にピュタゴラスの名が見られることからも、ヘラクレイトスがピュタゴラスを、ひいては、霊魂の輪廻という思想について見聞していたと推定できるであろう。このような一般的霊魂観の中に、ヘラクレイトスも身を置いていたとも想定することができる。

　また、ヘラクレイトスが、本章の注11)に引用した断片26において示しているように、「覚醒」を日常的「生」と捉え、「睡眠」を日常的「死」と捉えるならば、「生」と「死」は相互変化することになり、「生と死」の一致は帰納的に推論できる。日常的「生」と日常的「死」の交代は、自然界における昼夜の交代と基本的には周期を同じくしている。人間の感覚によっては変化せず同じままであると捉えられる太陽が、「日々新しい」(断片6)とヘラクレイトスが語ることを、「死」を通過した太陽が再生したという意味に解釈できるのと同様に、人間も睡眠状態からの蘇生である目覚めによって、次の新しい「日常的生」の端緒に立つと考えられるであろう。人間における「生」と「死」の交代は、昼夜の交代との類比からも推定されるのである。(次頁の図1参照)

　さらに、われわれが日常的な時間の流れの中に身を置いている限り、「死者」は明らかに「生者」の後に位置し、「老人」は「若者」と成長の順序を入れ換えることはできない。しかし、人間は生きている間を通して、たと

えば、意識に上らないほどに遅速ではあるにしても、老衰という形で変化しながら、確実に連続的に「生」の中に「死」の侵入を許している、といえるのではなかろうか。このように、現実的には可逆性を説明できないにしても、常に「死」を内在させるあり方で「生」は「死」と和解しているといえるのではなかろうか。（図2参照）

　ヘラクレイトスの宇宙論を論じた際におけると同様に、円環的運動という観点から、「生と死」という対立関係を図式化することを試みるならば、それは以下のように表現できるであろう。

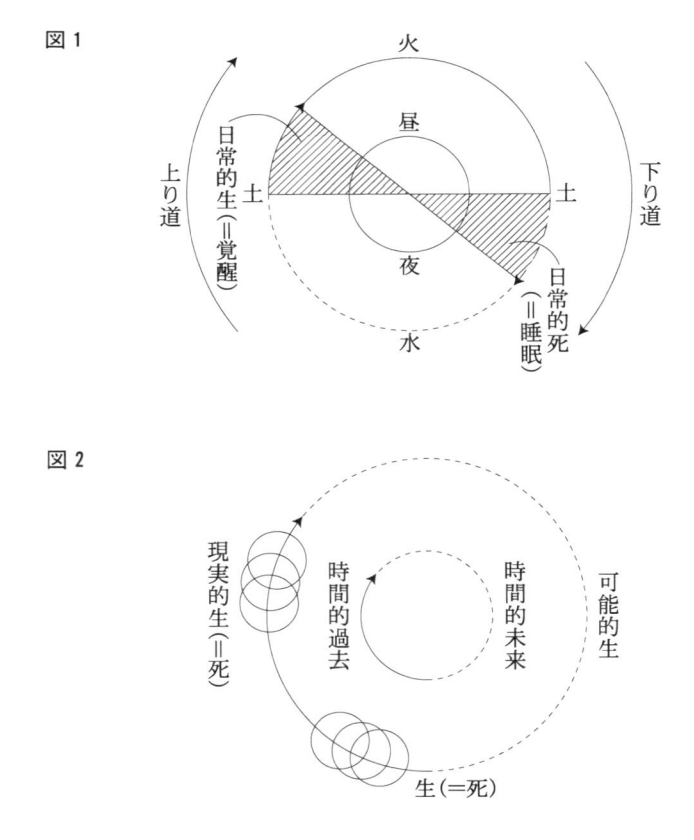

図1

火
昼
土　　　土
夜
水

日常的生（＝覚醒）
日常的死（＝睡眠）
上り道
下り道

図2

現実的生（＝死）
時間的過去
時間的未来
可能的生
生（＝死）

第2章　「対立の一致」と「不可視なるハールモニエー」

　図1において、日常的「生」とは覚醒から睡眠までの直接的自覚的経験に立つ「生」であり、当然、睡眠から覚醒までの日常的「死」によって補完されている。これら二つの様態は、自己認識や諸感覚の有無といった精神的領域から、活動性の程度といった物理的肉体的領域にいたるまで、すべて相殺的である。

　それに対して、図2は一人の人間の「生」全体を表す。運動の方向は誕生から死へと一方向的に進行するのであるが、「私」が現存する点までの時間的過去は、図1に示された日常的「生」と日常的「死」という完結し閉じた円環が、あたかも地球が自転しつつ太陽の周囲を公転しているように、「私」の現存点まで継続しているものに他ならない。われわれは、覚醒という日常的「生」と、睡眠という日常的「死」から、「生」と「死」について帰納的に推論しうる[11]。日常的「生」と日常的「死」が連続的に交代しながら、両者のうちのいずれかの位相で顕現することによって成立している「私」の現在が、「生」の総体と同じだけの「死」の総体を含むことは容易に理解できるであろう。

　ヘラクレイトスにとっては、人間がある概念について知るためには、必ずその対立概念についての理解を伴うことが必須であると考えられることから[12]、われわれが自覚的積極的に「生」を認識するためには、「死」という補完的概念が要求されるのである。

　本節の冒頭に引用した三つの断片のうちで、最後のものである断片126について検討してみたい。それは、対立関係にある二つの極が「相互に変化する」ことによってその対立性を解消するという意味において、断片88と関連性を持つ断片である。

　断片126においては、「冷と暖」「湿と乾」という二組の対立を示す組み合わせが取り挙げられている。これら二組の対立を示す事例は、決して抽象的な思考の所産ではなく、具体的には人間の身体的変化に代表されるような、事物の「暖かさ」と「冷たさ」、「湿気」と「乾気」との間の相互変化から導き出されたものである、と私は推論する。

この断片126に例示された二組の対立関係は、また、継続的に「相互変化」するという点で、先の断片111、88の叙述と同じである。現実に存在している万物は、温度という線分上のある一点に、あるいは、湿度という線分上のある一点に存在している。しかし、万物は存在する限りにおいて、「暖かさ」「冷たさ」を分かち持っている。より暖かいものは冷たくなり、より冷たいものは温かくなる。この事実を眺めてみるならば、事物は崩れている平衡状態を回復する方向へ、すなわち、より欠如している極の方向へと変化するのである。したがって、万物は対立性の混在によって成立しているのであり、現実に存在している事物に即していう限り、すでに対立性は解消していることになる。ここで、ひとつの事物において対立性が混在するということに関して、興味深い断片48を取り挙げたい。

　　断片　48[13]．「弓においては名称は生であるが働きは死である。」
　　　　（$\tau\hat{\omega}$ $o\hat{v}\nu$ $\tau\acute{o}\xi\hat{\omega}$ $\check{o}\nu o\mu\alpha$ $\beta\iota o\varsigma$, $\check{\epsilon}\rho\gamma o\nu$ $\delta\grave{\epsilon}$ $\vartheta\acute{a}\nu\alpha\tau o\varsigma$.)

　断片48は、「弓」という事例において、その名称は「生命（$\beta\iota o\varsigma$）」であるが、実際の働きは、「死（$\vartheta\acute{a}\nu\alpha\tau o\varsigma$）」を招くものであるということを、「$\beta\iota o\varsigma$＝生命、$\beta\iota\acute{o}\varsigma$＝弓」という掛け詞を用いることによって、一種軽妙に説明する断片である。

　この断片48において、$\beta\iota o\varsigma$ を二重の意味（$\beta\iota o\varsigma$＝生命、$\beta\iota\acute{o}\varsigma$＝弓）に用いることによって軽妙に洒落ると同時に、「名称」と「働き」という対立の中に、音声言語が背理に陥る可能性をヘラクレイトスが暗示していると考えるならば、すなわち、名称と本性との一対一の対応が崩れたことを示すひとつの事例として、$\beta\iota o\varsigma$ という言葉の二重性をヘラクレイトスが提出したと考えるならば、ヘラクレイトスは、クセノファネスの断片32においてみられるような[14]、事物の本質と習慣的名称との間に存在する矛盾を指摘するために、警鐘を鳴らしているとみなされる。ひとつの名称に複数の本性が即応するとすれば、人間が「知」を探求してゆくための手段のうちで、

第2章 「対立の一致」と「不可視なるハールモニエー」

最も不可欠な要素である、言語への信頼が揺らぐことになるからである。

本章の注11)に引用した断片26において、三度用いられている同じ ἅπτομαι という動詞が、「明かりを灯す」「接する」という二つの異なる意味に解釈されることにみられるように、ひとつの言葉の意味が、文章中におけるその用語の位置や語順、主語や目的語との関連によって、他律的に決定されるものであるならば、ひとつの事物における名称と本性との同一性はもはや考えられず、刹那的な便宜主義による言語使用だけが結果すると思われる。

事物における名称と本性との同一性を巡って、はたして、ヘラクレイトスが言語の意味上の多層性を自覚的に説いたのかどうかという問題に関しては、それを積極的に肯定する根拠を見い出すことはできない。背後に意図されている思想内容の晦渋さと比較してみるならば、ヘラクレイトスの言語使用は実に飄飄としているからである。

私は、事物の対立関係が現実的に顕現してくるにいたった原因としての言語使用自体に、何よりも一般の人々の関心を引きつけるために、ヘラクレイトスが提示したひとつの例として、断片48における「名称と働き」という対立関係を考えたい。言い換えれば、あるひとつの事物において現れる対立性は、ひとつの全体を異なる視点から眺める際に生起するということを人々に気づかせるために、ヘラクレイトスが提起したひとつの例として断片48を考えたい。

そして、ヘラクレイトスにとって重要であったことは、相対的な対立を強調することではなく、対立関係の一致を示唆することであるとみなすならば、「名称」にしても「働き」にしても、現実的な「弓」の一側面にすぎないことになる。したがって、ある事物の名称について論じ、さらに、働きについてそれぞれ論じたにしても、決してその事物全体を論じたことにはならないのである。ハイニマン(F.Heinimann)が、「……ヘラクレイトスは、このアンチテーゼ(すなわち ὄνομα-ἔργον)を自己の特別な目的のために利用し、それにしたがって、このアンチテーゼを、本来の意味からかな

り離れたものとなした」[15]と論ずる時に、ハイニマンのいう「自己の特別な目的」とは、「対立の一致を説くこと」に他ならない。後に時代が下がって明確な哲学的課題となる、「名称」と「働き」という対立的用語の使用も、また、掛け詞である $βιος$ を用いての言葉遊びも、ヘラクレイトスにおいては、その「特別な目的」のための手段であったと考えられる。

　私は、ヘラクレイトスが語る対立関係の一致、解消は、二通りの方法によってなされていると考えた。

　ひとつには、一個の事物の中に人間が対立を示す組み合わせを見い出すものであり、それは、人間が語る際に用いる言葉によって生起した。この場合には、そのような対立性は、本来的「一」の中に後から人間によって見い出される対立関係であると考えることができる。したがって、この場合の対立関係は、人間による恣意に大きく依拠するものであるといえる。

　またひとつには、現象的には対立関係にある二極が、相互に継続的に移行し変化しあうことによって、すなわち、対立する二極が混在することによって解消する対立関係であると考えることができる。したがって、この場合の対立を示す組み合わせは、具体的事物に即して考える場合、すでに解消しているともいえる。

　それでは、対立関係の一致に関するこのような二通りの説明は、どのような相互関連を持っていると考えられるであろうか。この問題に関して、ひとつの回答を与えるための手がかりとなると思われる断片が、断片10である。

第3節　断片10における対立関係の解消

　断片　10．「一緒に把握されるものは、全体的なるものであり全体的でないもの、つまり、一致するものであり一致せざるもの、音の合うものであり合わざるものである。万物から一が、一から万物が（生ずる）。」

第2章 「対立の一致」と「不可視なるハールモニエー」

(συλλάψιες· ὅλα καὶ οὐχ ὅλα, συμφερόμενον διαφερόμενον, συνᾷδον διᾷδον, ἐκ πάντων ἕν καὶ ἐξ ἑνὸς πάντα.)

　最初に断片の読みについて検討したい。それは、断片の最初の単語を συνάψιες と読むか、それとも συλλάψιες と読むかという問題である。συνάψιες の読みをとる研究者は、その古動詞形 συνάψειας を読むバイウォーターも含めて、ディールス＝クランツ、クイリング（H.Quiring）[16]等であり、断片訳は「全体的なるものと全体的でないもの、一致するものと一致せざるもの、音の合うものと合わざるものの結合。万物から「一」が、「一」から万物が（生ずる）」となる。この場合、断片の前半部は対立関係を表現する三組の実名詞の「結合」を示すことになる。

　これに対して、συλλάψιες の読みをとる研究者は、スネル（B.Snell）、カーク、ボラック＝ウィズマン（J.Bollack＝H. Wismann）、マルコヴィッチ[17]等であり、断片訳は最初に挙げた訳出の通りになる。この立場においては、ὅλα καὶ οὐχ ὅλα の部分は厳密には対立していないと考えられる。すなわち、οὐχ という否定辞は対立を意味するのではなくて、それは断片88において見られたような二つの事物の関連を、抽象的に表現していると考えられるのである。また、残りの二組の対立を示す用語、συμφερόμενον-διαφερόμενον と συνᾷδον - διᾷδον においては、συμ-φερόμενον と συνᾷδον が ὅλα を、διαφερόμενον と διᾷδον が οὐχ ὅλα を説明する実名詞であると考えられることになる。

　さらに、συλλάψιες という言葉を語源学的に考察するならば、アリストテレス以前には、その言葉は身体的に何かを掴むという意味を持ち、そこから、①音や音声のような物理的結合、②一緒に集めることや理解（この意味は、同語源の動詞 συλλαμβανεῖν にもよる）という意味が派生している[18]。

　これらのことを考慮に入れて、断片の前半部をカーンに従ってさらに意訳するならば、「把握すること、それはすなわち、一緒に把握されるグループを語ること、つまり事物と一緒に理解することであり、これらは全体的

でありまた全体的ではない。そしてそれらは協調によって、また闘争によって構成される一致するもの一致せざるものであるひとつの体系を特徴づける。そして、この体系は調和によって捉えられ、また同様に、不一致によって捉えられる音の合うもの合わざるものである」[19]と読むことができる。

次に、この読みに基づいた代表的解釈を二つ挙げておく。その最初のものは、カーク＝レイヴン（G.S.Kirk＝J.E.Raven）によって提出されたものである[20]。彼らは、断片10における三組の対立を示す用語において、「全体的なるもの」と「全体的でないもの」、「音の合うもの」と「音の合わざるもの」という二組の表現を、ヘラクレイトス的なものでないとしたうえで、「一緒にされた諸事物（things taken together）」と $συλλάψιες$ を捉え、それは、ある意味においては、「全体＝ひとつの連続をなすもの＝一致するもの（$συμφερόμενον$）」であり、ある意味においては、「全体でないもの＝単一の構成要素＝一致せざるもの（$διαφερόμενον$）」として叙述されているとする。そして、このような $συλλάψιες$ 解釈が、第２の文章における「一」と「万物」との関係に適用されるとする。したがって、彼らの解釈によるならば、対立関係を表現している組の前の言葉が「一」を、後ろの言葉が「万物」を意味することになる。

このような解釈に対して、マルコヴィッチが反論を提出した[21]。彼は、世界の多様性を明白なものとして認めたうえで、断片10における三組の対立を示す用語すべてが、「万物」を表現したものであるという立場をとった。彼によれば、「全体的なるもの」と「全体的でないもの」も、また、「音の合うもの」と「音の合わざるもの」も、「多」なる世界を構成している部分を意味する対立関係の組ということになる。そして、そのような「多」なるさまざまな対立関係の「統合」を意味する用語として、$συλλάψιες$ を捉えたのである。

このような二通りの代表的な解釈を参考にしながら、断片10における対立関係の解消について考えてみたい。

第2章 「対立の一致」と「不可視なるハールモニエー」

　前節において検討したように、ヘラクレイトスが語るさまざまな対立関係の解消は、その解消の根拠によって、二つに分けて考察することができるものであった。

　ひとつは、同一の主体に対して相反する述語づけがなされることによって、現実的な対立関係が惹起する場合である。この場合、対立性は主体の同一性が保たれている以上、厳密な意味において対立であるとはいえないと考えられた。ここで、全体は同一の主語であり、部分は相反する述語である。

　また、ひとつは、人間が共通に経験する事項において、極を意味する対立的用語の使用によって、対立関係が成立する場合である。しかし、この場合、対立性は極間に連続性がみられることによって、すでに現実的には解消していると考えられた。ここで、全体は極間における連続性であり、部分は極である。

　私は、ヘラクレイトスにおける、上記のような対立関係に関する叙述が、この断片10において包括されて述べられているのではないかと推論する。

　私も、最初の言葉の読みに関しては、$συλλάψιες$ と読む立場をとり、それを文の主語と考える。そして、述語に相当する三組の対立関係を表現する言葉のうちで、それぞれの組のうちの最初のものは、一致、統一を目指す求心的な力を表現し、後ろのものは、部分へと分かれる遠心的な力を表現する用語であるとみなしている。それは、「全体的なるもの」「一致するもの」「音の合うもの」という用語と、「全体的でないもの」「一致せざるもの」「音の合わないもの」という用語の組において、ひとつには、否定辞 $οὐχ$ の有無、ひとつには、$συμ$-, $δια$- という接頭辞の意味が持つ整合性の中に、一致への求心性と分裂への遠心性を読み取ることができる、と考えるからである。

　これらの三組の対立を示す用語において、「全体的なるものと全体的でないもの」という組は、全体と部分を統一するという意味において、残りの二組を統合するものとして、より抽象的な表現をとっていると私は推定

する。形式上においても、否定辞 $o\dot{v}\chi$ が用いられていることと、接続詞 $\varkappa\alpha\hat{\imath}$ によって対立的用語の結合が明確に示されていることから、他の二組とは区別されると考えるからである。

また、「一致するものと一致せざるもの」、すなわち、本来的な意味では、「一緒に置かれたものと分けて置かれたもの」という組と、「音の合うものと音の合わざるもの」という組は、断片51における「弓やリュラ」の例のように、われわれが具体的事物に即して捉えることができる対立関係を表現した用語である、と思われるからである。

したがって、私は、断片10における三組の対立関係を全体と部分の統一とみなす点において、カーク＝レイヴンの解釈に近い立場をとることになる。しかし、私の解釈は、彼らのように三組の用語のうちで二組を拒否するのではなく、最初の組が残りの二組を総括的に表現するものであるとみなす点で、独自性を有するものである。

複数の断片の中に残されたヘラクレイトスによる対立関係の解消に関する叙述は、この断片10における、「全体的なるものと全体的でないもの」の統一という表現によって説明できると、私は考える。

それでは、われわれは、全体と部分、あるいは、「一」と「万物」との一致・統一をいかにして認識しうるのであろうか。ヘラクレイトスが例示しているような、さまざまな具体的事象における対立性に拘泥している限り、われわれは「多」から逃れることはできないであろう。そこで、断片10に関連して、カークがいうような、「異なる視点」、あるいは、「万物（＝現象の世界）から一へ、また、一から関連している万物へ、注意力を振り向けること」[22]）が求められることになる。対立関係の解消に関するヘラクレイトスの言葉は、それを手がかりにして、われわれが、「万物」の軛から逃れ出るための破砕点という意味を持っていると考える。

第 2 章 「対立の一致」と「不可視なるハールモニエー」

第 4 節 「不可視なるハールモニエー」

　ヘラクレイトスにとっての世界は、断片31に示されているように、万物がアルケーである「火」から出て再び「火」に戻るという、ひとつの円環的変化によって捉えられるものであると推定した。また、世界内における個物に関しては、前節において述べたように、ある特定の事物を構成している対立関係の解消、一致についての説明が可能であった。ディオゲネス・ラエルティオスも「万物は火の交換物であり、希薄化と濃縮化によって生ずる」[23]という叙述によって、このことを述べている。彼によって用いられた「希薄化（$ἀραίωσις$）」と「濃縮化（$πυκνῶσις$）」というアナクシメネスを連想させる用語も、対立関係を構成している二つの極間での相互連続性、という観点から説明が可能であるがゆえに、対立関係を表すひとつの組と考えることができるであろう。対立する二つの極間に相互連続性を見ることができる以上、そもそも「対立」という表現自体が、極そのものを強調した時に浮かび上がってくる言葉の意味によって惹起される逆接的表現に他ならないものであった。
　本節においては、対立関係が解消した状態であるとヘラクレイトスが捉えている、「ハールモニエー（$ἁρμονίη$）」という概念を中心に論ずる。さらに、世界の中に存在する事物を捉える際に、「ハールモニエー」が自らのうちに含んでいると推定される、「戦争、争い」という言葉によって表現された意味内容についても検討する。
　さて、「ハールモニアー」のイオニア方言である「ハールモニエー」という用語から、われわれはその言葉を音楽、数、天体などに適用させたピュタゴラス、もしくは、ピュタゴラスの徒と呼ばれた人々について連想することができるであろう。彼らにおいては、アリストテレスが『形而上学』A5、986 a15以下に引用しているように、「限定されたものと無限定なるも

の」「奇数と偶数」「一と多」「直と曲」等、全部で十組の基本的な対立関係の一致が、「ハールモニエー」であると考えられていたと伝えられている。

　音楽の領域における音階上の比例という概念に基づいた、彼らの「ハールモニエー」とは、最も望ましい「静的なハールモニエー」であったとされる。また逆に、比例の均衡が崩壊した状態である「不調和、不一致」の状態は、彼らにとっては最も忌避されるべきものであったとされている。

　彼らに代表されるように、「ハールモニエー」という用語が与える一般的語感は、落ちついた良き状態であると考えられていたと思われる。プラトンの『饗宴』においても、愛の神「エロース」を讃えて語る医師エリュキマコスが、「お互いに体内の最も対立する要因を、相互の愛情と愛の中に齎さなくてはならない。そのような敵対する要因とは、熱冷、湿乾等である」(186C)と語り、さらに続けて「ハールモニアーは、最初争っていた高音と低音が音楽技術によって協調されて生じたのである」(187A)と述べていることから、そのことを感じ取ることができる。

　しかし、このように「ハールモニエー」を静的に捉えようとする一般的な立場とは異なり、ヘラクレイトスにおける「ハールモニエー」は、それを構築している対立関係によって生み出される緊張である。それはすなわち、二つの対立する力が限界点において危うく平衡状態を保っているような、いわば見かけ上の一時的静止に他ならないと推定される。

> **断片　51**[24]．「彼らは、いかにして、食い違いながら自分自身と一致するのかを理解しない。弓やリュラのような、逆方向へのハールモニエーが（存するのである）。」
> 　　（*οὐ ξυνιᾶσιν ὅκως διαφερόμενον ἑωυτῷ ὁμολογέει· παλίντροπος ἁρμονίη ὅκωσπερ τόξου καὶ λύρης.*）

　この断片51に語られた弓やリュラの例におけるように、われわれが、ある事物のうちに眺めることができる「ハールモニエー」は、決して静的な

第2章 「対立の一致」と「不可視なるハールモニエー」

ものではなくて、限界点まで張りつめた緊張を意味する言葉であると考えられる。この断片における叙述からするならば、「ハールモニエー」は、弓とリュラという個物において共通して考えられる箇所、すなわち、矢をつがえたり音を創造する弦と、その弦が結び付けられている木枠との接点に存することになるであろう。

　弦が引かれる力の方向と、木枠が反り伸びようとする力の方向は逆である。現実において、弓やリュラが、みずからの本来的用途に最も合致する形態を保っている場合には、それらの二つの力が相殺されているといえる。力が相殺されているということは、断片中にみられる $παλίντροπος$ という言葉に含まれる、接頭辞 $πάλιν$ が持っている「後方へ、後ろへ」という本来的意味からも推論できるのである。ヘラクレイトスにおける「ハールモニエー」は、逆方向へと向かう力が相殺された状態、拮抗した状態、もしくは、カークがいうように、「力の本質的結合」[25]であると考えることができるであろう。

断片　54.　「不可視なるハールモニエーは、可視なる（ハールモニエー）よりも、より強力である。」
　　　　　($ἁρμονίη\ ἀφανὴς\ φανερῆς\ κρείττων.$)

　この断片54においては、「ハールモニエー」という名詞に、$φανερά$ と $ἀφανής$ という二つの形容詞が冠せられている。前者は、ひとつの事物において、対立関係が表面上解消している状態を端的に表現する形容詞であり、後者は、一見して明らかであるような対立関係の背後に、厳然と存在する裁ち難い統一を暗示するものであると推定する。この断片54の意味している第一義的内容は、対立の極の間にあって顕現していない根源的「調和、統一」の方が、誰にとっても明らかであるような可視的具体的なそれよりも強力であるということである。

　しかし、その意訳を一歩進めて、相互継続による対立関係の解消の方が、

単なる類比によって説明されるような結合よりも強いと解釈できないであろうか。なぜならば、本章第2節において引用した断片88を例にとるならば、そこに挙げられている「若者と老人」という対立関係において、両者の間に生じる本質的ではあるが不可視である結合は、たとえば、「若さと健康」「老いと病気」という、より関連づけが容易であるような可視的結合と比較する場合に、われわれが経験的認識に立つ限りにおいては、理解し難いものであるだろう。

けれども、諸感覚に立脚する経験的判断の領域を超えたところに、一見しただけでは理解し難いような「本質的結合」が存するのである。

そして、この「本質的結合」には、本質的であるがゆえに、必然性、恒常性といった特性が付属していなければならないと思われる。「若者と健康」「老人と病気」という関連においては、その類比による結合は必ずしも必然的であるとはいえず、また恒常的であるともいえない。病気の若者もいれば、健康な老人もいるからである。

以上のことからも、「不可視なるハールモニエー」とは、対立関係を示す二つの極の間に潜む「本質的結合」を示すものであると考える。

さて、ヘラクレイトスにとって、すべての事物は、「ハールモニエー」という状態を保っているがゆえに静止して見えると考えられた。なぜならば、ひとつの事物のうちで対立関係にある二つの極は、現実的には、相互に継続的に変化することによって均衡点を持つといえるからである。ここで、「ハールモニエー」という言葉が、先にみたような、ピュタゴラスの徒たちにおけるように、静的な不動、すなわち、ある事物の内部において二つの逆方向への力が均衡してしまっていることを意図するのであるならば、その事物は理想とされる完全な状態に留まることになる。

すると、われわれが不断に目にする変化や生成消滅という現象を、われれは説明できなくなってしまうであろう。ヘラクレイトス哲学が、変化して止むことのない世界についての認識から出発して、人間すらもそのような変化の中において捉えようとするものである以上、「ハールモニエー」は

第2章 「対立の一致」と「不可視なるハールモニエー」

静止を意味してはならないのである。そうではなくて、ひとつの事物の内部に隠れている不可視な二つの力は、不断に相互に争っているのである。実現されていた平衡状態、「ハールモニエー」は、いずれかの力が勝ることによって急激に崩れさり、その事物は、もはや静止して見える一定の形態や、本来的機能を維持できなくなってしまうのである。

　断片　80．「人は、戦争が共通のものであり、正義が争いであり、そして、万物が争いと必然性に従って生ずるということを知らねばならない。」
　　（εἰδέναι δὲ χρὴ τὸν πόλεμον ἐόντα ξυνόν, καὶ δίκην ἔριν, καὶ γινόμενα πάντα κατ᾽ ἔριν καὶ χρεώμενα.）

　この断片80においては、そのような力の均衡が崩壊することが語られ、ヘラクレイトスは、事物に内在する自己破壊の力を、「戦争（πόλεμος）」と「争い（ἔρις）」という具体的な事象に即して表現したと想定する。

　ヘラクレイトスにおいて、「ハールモニエー」という用語は、一般的意味とは異なり、一種の逆接的意味において用いられていると先に推論した。すなわち、その用語は、静止という意味ではなくて、ヘラクレイトス哲学の根幹である不断の生成消滅という意味を暗示するものであった。それと同様に、「ハールモニエー」に対置される用語としての「戦争」「争い」という言葉も、われわれが通常用いる「破壊や不和」といった語感を伴うものではなく、かえって、存在の本質を成立せしめている微妙な力の《ダイナミズム》を、肯定的に表現する用語であると推論されるであろう。

　「ハールモニエー」と「戦争」という言葉の一般的意味と、自分の意図する意味を逆転させて、それらの言葉を用いることによって、ヘラクレイトスは自分の思想の斬新さを主張する意図を持っていた、と推論できるかもしれない。

　この断片80においては、「戦争」と「争い」が「共通である」と語られている。すなわち、自己破壊の力を具象化した表現である「戦争」「争い」という用語に、ξυνόν という形容詞が冠せられているのである。ここで、

53

ξυνόν という形容詞は、後述するように、断片 2、114において、人間の「ロゴス（λόγος）」が持つ普遍性を示唆するためにヘラクレイトスが用いていると考えられる形容詞である。断片 2、114において語られる人間も、この断片80における「万物」に含まれている。ヘラクレイトスが人間の中に見い出したすべての対立関係は、たとえば、断片88における「若さと老い」「生と死」、あるいは、断片111における「病気と健康」等も、一人の人間におけるアクメーまでの「上り道」と、それ以降の「下り道」との相互交代によって捉えられる場合には、逆方向へ向かう二つの力のうちの一方が、他方に対して僅かずつ優位と劣性の均衡を崩してゆく、ひとつの流れとして把握されうるからである。そして、その流れは、人間以外のすべてのものの中においても考えることができる流れと同じものだからである。

　この断片80における叙述を、「万物は争いと必然性に従って生ずる。争いは正義であり、それは万物に普遍だからである」と意訳してみるならば、「争い」の持つ「正義」「普遍」という性格が、一層明らかになると思われる。それと同時に、「万物」の原因として、「争い」と「必然性」が等置されていることから、「争い」という言葉が内包している《ダイナミズム》と必然性が、等価的に「不可視なるハールモニエー」に付帯している、と推定できるであろう。

　「必然性（χρεώμενα）」という言葉の語源学的意味は、「欠如しているものを求めること」である。そして、前ソクラテス期においては、「必然性」という言葉は、論理的に説明しえない規則的出来事、特に、物体の変化や運動の起源等を叙述するために用いられたということ[26]、このことから、事物の生成消滅や変化の契機は、その事物の内部に不可視的に存在している二つの性質のうちで、より劣った方が優れた方を志向する力である、と解釈することができるであろう。

　「可視的なハールモニエー」状態を生み出している原因が、《不可視なるダイナミズム》である、ということを見抜く慧眼を磨くことが、人間がある事物を、ひいては世界を認識する上での不可欠な要因であるということ

第2章 「対立の一致」と「不可視なるハールモニエー」

を、ヘラクレイトスは示唆していると思われる。

「弓やリュラ」（断片51）が、それぞれの本来的機能を発揮する場合には、逆方向に引き合っている二つの力が、限界点で均衡しているということはすでに述べた。このように、具体的な事物を通して述べたうえで、ヘラクレイトスはこの断片80において、「万物」へと人間の視野を広げさせているのである。

しかし、《不可視なるダイナミズム》を見抜くことは、人間にとって容易に実現できることではない。ヘラクレイトスはその理由を明確に説明している。それは、「自然（$φύσις$）は隠れることを好む」（断片123）からである。「ピュシス」は元来、自然、本質を意味する言葉である。その「ピュシス」の側に、われわれの眼から姿を隠そうとする能動的意図を、ヘラクレイトスが認めているといえるであろう。「隠れている」ということと「不可視であること」という言葉を、共通する性質を示すものであるとみなすならば、「ピュシス」と「不可視なるハールモニエー」は、同一の概念を意味することになると思われる。

われわれの眼には、個物の表面に現れた仮の「ハールモニエー」、すなわち、「可視的ハールモニエー」が映るにすぎず、見ている事物の「ピュシス」、すなわち、「不可視なるハールモニエー」は認知されない。事物の側においては、「ピュシス」が進んで自らを顕わにしないということ、人間の側においては、容易に確認できる見かけ上の「ハールモニエー」に満足してしまう態度の双方が相まって、万物、ひいては、「コスモス」全体の真理を見抜くことから人間を遠ざけていると、私はヘラクレイトスの叙述から推論する。

それではいったい、いかなる方法を用いることによって、われわれは「ピュシス」を、あるいは、「不可視なるハールモニエー」についての理解を得ることができるのであろうか。先に、経験的判断に依存する限りにおいては、人間は「不可視なるハールモニエー」を捉えることはできないと考えた。このことは、経験的判断を成立せしめる第一の原因である、諸感覚も

否定することになるであろう。なぜならば、諸感覚は、「可視的ハールモニエー」に直接的に対応するわれわれの能力として説明されるからである。ヘラクレイトスは、断片101a、107において目と耳を、断片98において嗅覚を取り挙げることによって、感覚の誤謬可能性について語っている。

それでは、「不可視なるハールモニエー」を見抜くために用いる人間の能力を、ヘラクレイトスはいったい何であると考えていたのであろうか。ヘラクレイトスは、このような能力を「ロゴス」という概念によって説明しうると主張していると思われる。つまり、ヘラクレイトスにおける「ロゴス」は、「不可視なるハールモニエー」を人間が洞察するための手段として、要請されたものであると推定する。

また、ヘラクレイトスは、世界内の万物に共通し恒常的であるという、すなわち、普遍的であるという定義を「ロゴス」という概念の中に要請していると考えられる。世界内に存在する万物は、アルケーである「火」から生じ、再び「火」に還るという不断の円環的変化の中に存在していた。世界という全体の永遠性を保障するものと、世界の内部に存する個々の事物のそれを保障するものは、ひとつの共通な原理であると推定する。もし、世界全体と個物が、それぞれ独自の原理、法則に従って存在しているのであるならば、世界の恒常性を説明できなくなるからである。次章において「ロゴス」を取り挙げ、その二側面について論ずる。

注1）断片においては、$\gamma\rho\alpha\varphi\acute{\epsilon}\omega\nu$ を読む。この語の読みに関しては、カーンは $\gamma\nu\hat{\alpha}\varphi\omega\nu$（Kahn, *AThH*. p.62.）、ディールス＝クランツ（Diels＝Kranz, *VS*. p.164.）は $\gamma\nu\alpha\varphi\epsilon\acute{\iota}\omega$、バイウォーター（I.Bywater, *HER*. p.20.）、ツェラー（Zeller, *ZN*. p.804.）は $\gamma\nu\alpha\acute{\epsilon}\omega\nu$、カーク（Kirk, *HCF*. p.97.）、クィリング（H.Quiring, *Heraklit*. p.32.）は $\gamma\rho\alpha\varphi\acute{\epsilon}\omega\nu$、と見解がさまざまに分かれている。私は、以下のように述べるカークの論拠に同意して $\gamma\rho\alpha\varphi\acute{\epsilon}\omega\nu$ を読む。

すなわち、「縮絨工の店の中にあるねじ式の圧縮機が、ヘラクレイトスの

第2章 「対立の一致」と「不可視なるハールモニエー」

　　時代にはいまだ発明されておらず、それはアルキメデスを待たなくてはならない。ゆえに、写本が $γναφείω$ を読むのは誤りである」(Kirk, ibid. p. 98ff.) という見解に同意する。
2）この断片においては、断片59におけると同様、$ὁδός$ という言葉が用いられている。ディオゲネス・ラエルティオスには、「世界内の万物の生成消滅変化における生成の方向、すなわち、火から水、水から土という方向が下り道、その逆の消滅の方向が上り道と呼ばれる」(9.8-9.) と伝えられており、「上り道下り道」とは、自然界における諸変化の過程を意図する言葉である。しかし、本章においては、「対立関係の解消」を表現するひとつの例としての具体的な「上り道下り道」として、この語を扱う。
3）断片においては、$περιφερείας$ を読むかどうかという点で、研究者たちの見解が分かれている。$περιφερείας$ を読むディールス＝クランツの見解 (Diels=Kranz, ibid. p.174.) は、クィリングに見られる。(Quiring, ibid. p.76.)
　　しかし、ヴィラモーヴィッツ・メーレンドルフのように、「$περιφέρεια$ のような言葉が、ヘラクレイトスには知られていなかったであろうがゆえに、この語は（断片の出典である）ポルフィリウスが、説明的に用いたのである」(U.v.Wilamowitz-Moelendorff, Lesefruchte. Hermes. 62 (1927). pp. 276-77.) として、その語を読まない立場もある。私は、この断片以外のヘラクレイトス断片中に、他に数学的用語が見られないことに加えて、前置詞 $ἐπί$ によって、$κύκλος$ における関係は十分に示されていると考え、$περιφερείας$ を読まない。
4）Guthrie, HGP. I. p.446.
　　「位相」の相違によって対立関係の相対性を説明するガスリーの見解とは別に、ストークスは、「ヘラクレイトスにとっては、主観的ということと客観的ということとの区別が曖昧である」(M.C.Stokes, One and Many in Presocratic Philosophy. p.91.) と主張している。しかし、主観と客観が未分化であるとするならば、そもそも、対立を認識すること自体ありえないであろう。
5）断片の読みに関して、ひとつには、クランツのように対立の組をすべて無冠詞で読む立場がある。(Kranz, VS. pp.170-71.) この考え方は、人間が一方向でしか経験できないような対立関係において、無冠詞で用いられた中性分詞が実名詞として用いられていることから、ヘラクレイトスが、経験の対象を完全に実在的なものとして表現しようとしたと考えるものである。

これに対して、ζῶν-τεθνηκὸς, νέον-γηραιόν という二組の対立関係
と、ἐγρηγορὸς-καθεῦδον という対立関係を、可逆的に人間が経験できる
かどうかという点において、ヘラクレイトスが両者を区別したかもしれな
いとして、定冠詞 τό を後者の組に付す立場がある。私も後者の立場に同意
する。
　　　　cf. Kirk, ibid. p.138.
　　　　　　Kahn, ibid. p.70.
6)「病気と健康」という対立関係は、断片58において、「飢餓と飽食」とい
　　う組は断片65、67において、「疲労と休息」という組は断片84において、ま
　　ったく同じ用語によって取り上げられている。
7) Kirk, ibid. p.123.
8) Guthrie, ibid. p.445.
9) プラトンにおける同様の霊魂観は、『パイドン』63C、『メノン』81B-C に
　　も見られる。
10) Plat., *Timaeus*. 25E1.
11) ヘラクレイトスにおける「睡眠と覚醒」については、以下の断片に詳し
　　い。

　　断片　21．「目覚めているときにわれわれが見るものは死である。しかる
　　　　に、眠っているときにわれわれが見るものは生である。」
　　　　　(θάνατός ἐστιν ὁκόσα ἐγερθέντες ὁρέομεν,
　　　　ὁκόσα δὲ εὕδοντες ὕπαρ.)
　　断片　26．「夜、人間は自分で明かりを灯す。視力が消されているので
　　　　ある。しかるに、生きているときには、眠りの中で死者に触れ、目
　　　　覚めているときには、眠っている人に触れるのである。」
　　　　　(ἄνθρωπος ἐν εὐφρόνῃ φάος ἅπτεται ἑαυτῷ
　　　　ἀποσβεσθεὶς ὄψεις, ζῶν δὲ ἅπτεται τεθνεῶτος
　　　　εὕδων, ἐγρηγορὼς ἅπτεται εὕδοντος.)

　　両断片とも難解な断片であり、読みに関しても定説はない。
　　断片21の後半部の読みに関して、ディールス＝クランツ(Diels＝Kranz,
ibid. 156.)、カーン(Kahn, ibid. p.68.)、ロビンソン(T.M.Robinson, ibid.
p.20.)は、ὕπνος を読んで、それを「眠り」と訳出している。しかし、「覚
醒と睡眠」という対立的な用語に呼応するように、「生と死」という対立的
用語を用いるのでなければ、断片全体が均整を崩すと思われる。私は、マ

第2章 「対立の一致」と「不可視なるハールモニエー」

ルコヴィッチ（Marcovich, ibid. p.248.）に従って ὕπαρ を読む。
　断片26の読みに関しては、ロイツェ（O.Leuze, Zu Heraklit Fragment 26D. *Hermes*. 50（1915）pp.604-625.）の読みを参考にした。彼は断片全体の意味を以下のように整理し、

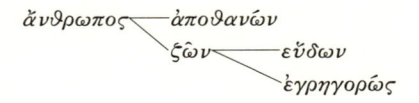

ἄνϑρωπος ── ἀποϑανών
　　　　　ζῶν ── εὕδων
　　　　　　　　ἐγρηγορώς

「人間は夜自分で光を灯す。その時、彼は死んでおり、したがって、目の光は消えている。しかし、生きている人間は、眠りの状態では、死んでいる人間と境を接している。というのも、このときも、人間の目の光は消されているからである。また、眠りの状態では覚醒の状態が境を接している」と意訳している。彼は、解釈の要点を、ヘラクレイトスにおける「生」と「死」の連続性に置いている。
　「対立の一致」を説明するためにヘラクレイトスが例示した、さまざまな対立関係の中でも、「生」と「死」の一致は、両者の中間的状態、あるいは、両者を同時に暗示する状態である「睡眠」中の人間の姿の中に語られていると思われる。
　断片26を形式上からみるならば、断片を構成している用語も、εὐφρόνη-φάος, ἅπτεται-ἀποσβεσϑείς, εὕδων-ἐγρηγορώς, ἀποϑανών-ζῶν というように、「死」と「生」という対立を表現している。
　さらに、同一の ἅπτεται という用語が、二つの異なる意味で三度反復して用いられている。最初のものは、「明かりを灯す」という意味で、「光が消えた」状態に対置され、「生」と「死」という対立を示している。二番目と三番目のものは「接する」という意味で、睡眠者（＝生者）が死者と「接する」ことを表現している。ロイツェが指摘したように、この断片は、対立的用語の使用と、ひとつの用語における意味の転化という修辞法によって、「睡眠」を媒体として「生」と「死」の一致を説くものである。
　また、この断片に関して、セクストス・エンペイリコス（*Adv. Math.* 7. 126ff.）は、「睡眠中は、諸感覚の通路が閉じられ、呼吸を通してのみ、われわれは外界と結合され続ける。その結果、人間のヌースは、記憶の能力をなくしてしまう」と述べている。このことは、第5章で論ずる人間の「ソフィエー」とも関連すると思われる。
　cf. Kirk, Men and Opposites in Heraclitus. *MH*. 14（1957）p.160.

Kahn, A New Look at Heraclitus. *APQ.* 1 (1964) p.203.
G.D.Farandos, *Die Wege des Suchens bei Heraklit und Parmenides.* pp.31-32.

12) **断片 23**. 「もしそれらのものがなかったならば、彼らはディケーの名を知らなかったであろう。」
(Δίκης ὄνομα οὐκ ἂν ᾔδεσαν, εἰ ταῦτα μὴ ἦν.)

13) 断片における読みについては、以下に挙げる三資料ともほとんど一致している。

 資料 1. Etymologium Magnum. s.v. βίος.
…ἔοικε δὲ ὑπὸ τῶν ἀρχαίων ὁμωνύμως λέγεσθαι βιὸς τὸ τόξον καὶ ἡ ζωή. Ἡράκλειτος οὖν ὁ σκοτεινός· τῷ(οὖν) δὲ τόξῳ ὄνομα βίος, ἔργον δὲ θάνατος.

 資料 2. Tzetzes. Exegesis in Homeri Iliadem. p.101. Hermann.
βιὸς δὲ τὸ τόξον λέγεται πρὸς ἀντιδιαστολὴν τοῦ βίου, ὃ σημαίνει τὴν ζωήν … ὅτι βίος ἐλέγετο καὶ αὐτό, φησὶν Ἡράκλειτος ὁ σκοτεινός· τῷ δὲ τόξῳ ὄνομα βίος, ἔργον δὲ θάνατος.

 資料 3. Eustathius in Iliadem. I, 49.
…διὸ καὶ ἀστείως ὁ σκοτεινὸς Ἡράκλειτος ἔφη ὡς ἄρα τοῦ βιοῦ, ἤτοι τοῦ τόξου, τὸ μὲν ὄνομα βίος, τὸ δὲ ἔργον θάνατος. παρωνόμασται μὲν γὰρ ἐκ τοῦ βίου, ὡς τοῦ ζῆν αἴτιος, θανατοῖ δὲ τοὺς βληθέντας καὶ στερίσκει τοῦ ζῆν.

資料1と資料2においては、οὖν と δὲ という相違が見られる。しかし、資料1の断片該当文章中の οὖν は、先行する文章中の οὖν がすでに有効であること、重複を避けるという意味から、省略すべきであると考える。また、文献学的には、マルコヴィッチやカーク（Marcovich, ibid. pp.190-193.: Kirk, ibid. p.116.）は、それを後代の、特にビザンティン時代の加筆であると論じている。このことから、私は οὖν を省略する。

資料2の断片該当文章中の最初の δὲ は、ὄνομα-ἔργον の対比を際立たせようとする意図で用いられたものであるならば、文法的には μέν が用いられる方が妥当であり、位置も ὄνομα の後が正しいであろう。

資料3の文章は、βίος - θάνατος の対置によって対立関係を明確化させたものであり、資料1と資料2を意訳したものであると考えられる。

14) クセノファネス断片32＝DK. 21 B22.

「彼らがイリス呼ぶものは、紫、紅、黄緑に見えるところの、
本来は雲であるものだ。」

ここでは、「本来雲である（πέφυκε）ものを、人々はイリスと呼ぶ
（καλέουσι）」と、的確に語られている。
15) F.Heinimann, *Nomos und Physis*. p.56.
16) Bywater, ibid. p.24.
Diels＝Kranz, ibid. p.153.
Quiring, ibid. p.10.
17) Kirk, ibid. p.167.
Bollack＝Wismann, *Héraclite ou la séparation*.（以下，*HS*.と略す）p.82. Marcovich, ibid. p102.
Kahn, ibid. p.84.
18) L.S.J., p.1673.
19) Kahn, ibid. p.286.
20) Kirk＝Raven, *The Presocrtatic Philosophers*.（以下，*PP*.と略す）pp.191-92.
21) Marcovich, ibid. pp.105-110.
22) Kirk, ibid. p.178.
23) Diog. Laert., 9. 8.
24) 断片の読みに関して、παλίντονος を読むか、παλίντροπος を読むかという点において、研究者たちの見解が分かれている。前者の読みは、バーネット（Burnet, *Early Greek Philosophy*. p.163.）、カーク（Kirk, ibid. p.203.）、マルコヴィッチ（Marcovich, ibid. p.119.）等が取り、後者の読みは、ディールス＝クランツ（Diels＝Kranz, ibid. p.162.）、ハイデル（Heidel, Qualitative Change in Pre-Socratic Philosophy. *AfGP*. 19（1906）p.354.）、ヴラストス（Vlastos, *AJP*. 76（1955）p.348-51.）、カーン（Kahn, ibid. p.64.）、ボラック＝ウィズマン（Bollack＝Wismann, ibid. p.178.）等が取っている。
　いずれの読みが正しいかに関して、決定的な資料は残っていない。このゆえに、ガスリー（Guthrie. ibid. p.439. n.3.）のように、いずれの読みを取るにしても、われわれは、ヘラクレイトスの意図を理解できるとする立場もある。私は、断片31aにおける「火の転化（πυρὸς τροπαί）」という表

現との関連から、$παλίντροπος$ という読みを取る。
25) Kirk, ibid. p.217.
26) L.S.J., p.2004.

第3章

「ロ ゴ ス」

　現存する126のヘラクレイトス断片において、その中に「ロゴス($λόγος$)」という言葉を含むものは、断片 1、2、31、39、45、50、72、81、87、108、115の11断片を数えるにすぎない。このような、資料として利用できる断片量の少なさに加えて、ヘラクレイトスが断片中において用いている、それぞれの「ロゴス」という言葉の意味が微妙に相違していることによって、その全体的、あるいは、統一的解釈を行うことは、われわれにとって困難なこととなっている。このような事情から、以下において「ロゴス」を論ずるにあたっては、考察の対象を「ロゴス」という用語に限定せずに、いくつかのその同義語にまで拡大して考察する。

　さて、ヘラクレイトスが用いた「ロゴス」という言葉は、数多くの研究者たちによってさまざまに解釈されてきた。ガスリーは、「ロゴスは明らかに人間の思考と、宇宙の支配原理との両方である。ヘラクレイトスが到達したアルケーは、先行者たちのアルケーにもっとも近似的であることも示している」[1]と述べている。また、カークによれば、「ロゴス」は「形式(formula)、個々のものと同時に、すべてのものの計画」[2]とされ、さらに、レイヴンとの共著においては、「事物の配列を統一にする形式(formula)、すなわち、比例配分する法則」[3]と解釈されている。本章においては、このような従来の「ロゴス」に関するいくつかの解釈の試みを踏まえながら、ヘラクレイトスの「ロゴス」を、「言葉を用いた表現や言い回し」を意味する oratio、すなわち、「語」「言葉」という側面と、「言葉によ

って表現された内容、理」を意味する ratio、すなわち、「原理」「真理」「割合、定量性」という二つの側面から捉えてみたいと考える[4]。

第 1 節　oratio としての「ロゴス」

　断片　1．「しかるに、このロゴスは、永遠に存在しているのであるが、人間はそれを聞く前にも、また、それを聞いたときにも、理解しないようである。というのも、万物はこのロゴスに従って生じているが、彼らは、私が、それぞれを本性に従って分けながら、そして、それ（それぞれのもの）がいかにあるのかを語りながら、提出する言葉も行為も試みながらも、経験がないかのように思われる。」
　　（τοῦ δὲ λόγου τοῦδ᾽ ἐόντος ἀεὶ ἀξύνετοι γίνονται ἄνθρωποι καὶ πρόσθεν ἢ ἀκοῦσαι καὶ ἀκούσαντες τὸ πρῶτον. γινομένων γὰρ πάντων κατὰ τὸν λόγον τόνδε ἀπείροισιν ἐοίκασι πειρώμενον καὶ ἐπέων καὶ ἔργων τοιουτέων ὁκοίων ἐγὼ διηγεῦμαι κατὰ φύσιν διαιρέων ἕκαστον καὶ φράζων ὅκως ἔχει. τοὺς δὲ ἄλλους ἀνθρώπους λανθάνει ὁκόσα ἐγερθέντες ποιοῦσιν ὅκωσπερ ὁκόσα εὕδοντες ἐπιλανθάνονται.)
　断片　2．「それゆえに、人は共通なるものに従わねばならない。しかるに、ロゴスが共通であるにもかかわらず、多くの人々は個人的思慮を持っているかのように生きている。」
　　（διὸ δεῖ ἕπεσθαι τῷ <ξυνῷ>·　… τοῦ λόγου δ᾽ ἐόντος ξυνοῦ ζώουσιν οἱ πολλοὶ ὡς ἰδίαν ἔχοντες φρόνησιν.)
　断片　50[5]．「私からではなく、ロゴスから聞いて、万物が一であることに同意することが知である。」
　　（οὐκ ἐμοῦ ἀλλὰ τοῦ λόγου ἀκούσαντας ὁμολογεῖν σοφόν ἐστιν ἓν πάντα εἶναι.)

　「言葉を用いた表現や言い回し」という意味の「ロゴス」は、断片 1、2、50 に代表される。最近の研究成果[6]においては、断片 1、2 がこのままの順序で、ヘラクレイトスの著作とされる『自然について（Περὶ Φύσεως）』の

第3章 「ロゴス」

冒頭に置かれていたことはほぼ確実であろうとされている。ここでは、われわれが「ロゴスを聞く」と述べられていることに着目したい。

断片1においては $ἀκοῦσαι\ καὶ\ ἀκούσαντες$、断片50においては $ἀκούσαντας$ と、ともに「ロゴス」という名詞に関連して、$ἀκούω$ という動詞が用いられている。「ロゴス」は、まず「人に聞かれるもの」として規定されるわけである。それは、人間によって生み出される音声という形態をとりながら、人間の周囲に常に存在すると考えてよいであろう。このように、人間の側から眺めてみるならば、「ロゴス」は自らの存在を人間に負う、という側面を持っているとみなすことができる。

しかし、ヘラクレイトスによれば、「ロゴス」は、人間が恣意的に、すなわち、思うがままにその意味を賦与することが許されているというような、「個人的」(断片2)なものであってはならないとされる。「私からではなく、ロゴスから聞いて、……」と断片50が語るように、「ロゴス」は人間の外側に、個人の思惑を超えて存在するという側面も併せ持つと考えられる。さらに、「私からではなくて、ロゴスから聞いて……」という一節からは、個人としての人間に対する「ロゴス」の優先性を読み取ることができる。なるほど、「ロゴス」は私が語る言葉ではあるけれども、その言葉は、「私」という限界をはるかに凌駕した内容を持ちうるのである。

そして、この優先性を保障するものが、「ロゴス」の持つ「共通である」という性格であるだろう。「ロゴス」は、本来「私」に発するものとみなされたが、「共通である」という性格を担うことによって、個人レベルを超越する普遍なるものとして人間に対置されることになる。断片2における「共通である」「個人的」という、二つの形容詞の対立的使用は、端的にそのことを意図していると考えることができるであろう。そして、普遍は個物を超える以上、いったん発せられた後では、われわれは、「共通なるものに従わねばならない」(断片2)とされるのである。

それではいったい、「個人的思慮」に拘泥することを放棄して、われわれが従わねばならない「共通なるロゴス」とは、どのような意味内容を持つ

ものとして定義づけられるのであろうか。すでに触れたように、断片 1、2 が、このままの順序でヘラクレイトスの著作の巻頭に置かれていたことはほぼ確実であろう、と主張する研究者たち解釈に従うならば、ヘラクレイスは自分の著作の冒頭で、一般の人々（ἄνϑρωποι）に対する苦言を展開していたことになる。そのことは、痛烈な批判という形式をとることによって、「共通なるロゴス」の存在を日常に埋没している人間に覚醒させようとする、ヘラクレイトスの意図に基づくものであったと推論できるであろう。

　ここで、私は、ヘラクレイトスが一般の人々に呼びかける際に、ἄνϑρωποι という語を用いていることに注意したい[7]。ソクラテスが『弁明』の中で、自分の真意を理解しているかどうかに応じて、相手への呼びかけ方を変えながら法廷弁論を進めたように、ヘラクレイトスも、自分が展開してゆこうとする真理についての自説の最初を、否定的口調によって開始するとともに、「一般の人々（ἄνϑρωποι）」、あるいは、「多数の人々（οἱ πολλοί）」という言葉を軽蔑的に用いていると考える。したがって、断片中において、そのような言葉が文章中に用いられている場合には、断片の表面的な意味の背後に、ヘラクレイトスの真意を探る姿勢が必要であると思われる。

　「人は「ロゴス」に従わねばならない（δεῖ ἕπεσϑαι）」（断片 2）。そして、多様な姿をとって人々の口に上がる言葉の中に、「真なる言葉」を探る姿勢を持たねばならない。そのためには、まず、断片 2 が語るように、「ロゴス」を聞いてそれに従うという前提を克服することが求められることになる。しかし、それにもかかわらず、大多数の人間は、言葉を単なる音の集合体として聞き流しているか、あるいは、せいぜい自分を取り囲んでいる小さな集団内部で了解される意味を理解する、という日常に埋没していると思われる。

　けれども、あたかも睡眠中における行為を、目覚めるとともに忘却してしまうように、ヘラクレイトスによって要請された、「ロゴス」についての理解は一過的であって、人間にとっては決して恒常的な基本認識とはなら

ない。なぜならば、睡眠中においては、人間は、論理を構築するための時間、空間概念が崩れた状態の中に、つまり、まさに脱論理の状態にあるがゆえに、「ロゴス」が成立する余地はないと推定できるからである。人は睡眠中においては、「ロゴス」から遠いといえる。さらに、たとえ覚醒時ではあっても、「個人的思慮」を持っている限り、共通性、普遍性を欠くという点で、睡眠中における場合と事情はまったく同じであるといえるであろう。

さて、このように「言葉を用いた表現や言い回し」という「ロゴス」の第一義においては、「ロゴス」を傾聴する重要性を説くことに、ヘラクレイトスの主眼が置かれていると推定できる。けれども、ヘラクレイトスは、その重要性に人々が気づくことに期待していないと推測する。「私にとっては、たった一人であっても、最高の人（ἄριστος）であれば千万人に相当する」（断片49）という信念に従い、さらに、「一人の意志に従うこともまた法である」（断片33）という矜持を保ち続けながら、彼は自らの哲学を展開していると思われる。次に、「共通なるロゴス」として顕現する「ロゴス」の内容について考えてみたい。それは、最初に「言葉によって表現された内容、理」を意味する ratio として分類された「ロゴス」の内容に他ならない。

第2節　ratio としての「ロゴス」

ratio としての「ロゴス」は、前節において取り挙げた断片50においても、読み取ることができると考える。断片 1における「万物はロゴスに従って生じている」という叙述は、「ロゴス」の ratio としての性格を表現している。そのことをマルコヴィッチは、「客観的真理を意味すると同時に、その中に、対立物のそれぞれの組の統一・一致と、世界秩序の基本的統一を含むもの」と解釈している[8]。

断片50における「万物が一である」という叙述において、「万物」と「一」

との関係は、第1章第2節において述べたように、完全な断絶にあるわけではないとみなされた。ヘラクレイトスの宇宙論においては、「火」は「万物」と「交換」されることから、われわれは、アルケーと具体的な諸事物とは等価なものであると考えた。断片50における「万物」と「一」という対立的表現も、「多」なる事物の世界と、その世界を貫いている「一」なる原理との相関性を、両極において逆接的に表現したものに他ならないと考える。ここに、原理として解釈できる「ロゴス」の ratio という側面を窺うことができる。

　　断片　31a.　前出（第1章第1節）
　　断片　31b.　前出（第1章第1節）
　　断片　94.　「太陽は尺度を踏み越えないであろう。しかるに、もし、そうでないならば、ディケーの護り手であるエリュニスたちが彼を見つけ出すであろう。」
　　　　　　（Ἥλιος γὰρ οὐχ ὑπερβήσεται μέτρα· εἰ δὲ μή, Ἐρινύες μιν Δίκης ἐπίκουροι ἐξευρήσουσιν.）

　断片31a、31b は、第1章第1節においてみたように、「火」が変化することによる世界内の事物の生成変化、消滅の過程について語るものであった。ヘラクレイトスにおける宇宙論の骨格をなすと思われる、中心元素の交代に関する叙述の中に、「ロゴス」という言葉が用いられている。この断片31b における「ロゴス」という用語は、「言葉」という意味には解釈できない。それは、われわれの眼には不変と映る日常的世界の背後にあって、現象している世界の恒常性を支える張りつめた緊張、すなわち、「不可視なるハールモニエー」の内容を意味する言葉であり、《割合・定量性》として解釈するのが妥当である。
　断片31a、31bにおける「ロゴス」が、《割合・定量性》として解釈されうるという点について検討してみたい。まず、断片31a においては、変化の過程が順序に則っていることと、その過程のうちで、「海」からの変化が二方

第3章 「ロゴス」

向へ分岐し、その変化量がそれぞれ「海」の半分ずつに相当することを述べた。さらに、ヘラクレイトスは、断片31bにおいて、「土」と「海」との間における変化を例示しながら、「土」と「海」という元素間での変化が、「まったく同じ割合で測定される」と述べている。

この断片31bにおいて、例示されている変化は、「土」と「海」との間での変化のみにすぎないが、そこに示された「まったく同じ割合」は、変化の全過程に妥当すると推定される。もし、元素間における変化の「割合」が、変化の過程の一部分にしか妥当しないものであるとするならば、もはや、可視的世界の恒常性は保たれえず、次の瞬間における世界の様相は、われわれの予想できないものとなるからである。

変化間において「ロゴス」が遍在していることは、断片30において、「この世界」が永遠に存在すると主張されていたことからも保障される。そして、「永遠に生きる火」(断片30)が「転化 ($τροπαὶ$)」(断片31a)してさまざまな形態で現れたものである世界の中で、「ロゴス」は、点火、すなわち「火」へと還る変化においても、消火、すなわち「火」から離れてゆく変化においても、「定量性 ($μέτρον$)」として自らを示すのである。

私は断片30における「メトロン ($μέτρον$)」という用語を、ギゴンにおけるように[9]、時間的意味に解釈せず量的な意味に解釈した。その理由は、「メトロン」に関して、それを時間的に解釈するならば、現実世界の背後にあって、その形態を保たしめている危うい緊張関係、すなわち、「不可視なるハールモニエー」がその平衡を崩すことになるからであった。逆方向への力が相殺されることによって成立している「不可視なるハールモニエー」は、力が同時に逆向きに作用してはじめて存在する。「メトロン」を時間的等しさと解釈するならば、力が同時に作用するという前提は無意味なものとなってしまうからである。事実として世界が一方向のみへの変化の過程にない以上、「メトロン」を「一定の時間で」というように、時間的に解釈することは不可能なのである。

要素間における変化に関連して、断片90において、「火の転化」という問

題が、金と商品が等価値分の「量」によって相互交換される、という比喩を用いることによって説明されていた。このことからも、断片30における「メトロン」は、量における一定性、すなわち、《定量性》と解釈されるのである。

　それではいったい、ヘラクレイトスの「ロゴス」の持つ oratio の側面と ratio の側面は、相互にいかなる関連を持っているのであろうか。前節において論述したように、われわれの感覚によってすぐさま捉えられる形としては、「ロゴス」は「言葉」として存在する。そして、その「言葉」は一般的には、個人的意味しか持ちえないものから、「共通なるもの」（断片 2）という性格を持ったものまで、広範囲に解釈される余地を持っている。ヘラクレイトスが、人々に向かって「聞いて従わねばならない」と説いている「ロゴス」は、個人に発しながらも個人を超える「言葉」であると推定した。そして、そのような oratio として解釈される、一般的な「ロゴス」の中で、限定的に「共通なるもの」という性格を帯びた「言葉」の意味内容が、ratio であるといえるであろう。

　このことを、カーンは、「ヘラクレイトスは、自分の話というロゴスの具体的な使用の背後に、事物を一緒に集めるという、二つの相互に関連した意味を置いている。ひとつには、人間の話としての「ロゴス」は、単語や言葉遊びの中に多くの意味を集めることを意図し、ひとつには、世界の「根拠」としての「ロゴス」は、定量や割合によって算出された、事物の集合的結合を意図する」[10]と述べている。

　二通りに解釈される可能性を持つと考えてきたヘラクレイトスの「ロゴス」に関して、それを、形式としては oratio であり内容としては ratio であると規定できるであろう。oratio と ratio として把握されるヘラクレイトスの「ロゴス」の二面性は、ratio としての「ロゴス」から逸脱していない限りにおいて、oratio としての「ロゴス」が正当性を保障されるという関係にあるといえるであろう。先に引用した断片50において、「私からではなくて、ロゴスから聞いて……」と述べられる「ロゴス」に関しては、わ

第 3 章　「ロ ゴ ス」

れわれはその優先性とともに、個人を超えた普遍性をも考慮に入れねばならなかった。万物に内在する「ロゴス」を的確に音声化すること、まさにそのことに「言葉」として解釈される「ロゴス」の意味があり、それは、ratio として解釈される「ロゴス」を内容とすると推定されるからである。

　私は、人間の「言葉」について語る際に、ヘラクレイトスが、「ロゴス」という用語以外の言葉を用いていると考える。それは、oratio として解釈される「ロゴス」が、ratio という意味を内容とするときに、ファーリー（D. J.Furley）も述べているように[11]、「（真なる）言葉」を意図するとみなされるのに対して、「（単なる）言葉」として解釈されるにすぎない用語を提出するためであったと、私は推定する。そして、そのような「（単なる）言葉」を意味すると思われる用語は、断片 1において用いられている用語「エポス (ἔπος)」である。

　「エポス」という用語は、前節に引用した断片 1において、ἐπέων καὶ ἔργων と慣用句のように用いられていた。文意からするならば、「（人々は）言葉や行為（ともに複数形で用いられている）を経験するときも、経験しないかのようである」と読むことができ、用例としては、一般の人々の日常的生活が一過的で皮相的なものにすぎず、ヘラクレイトスが意図しているような、深みを持っていないことを批判している文章であるといえる。

　人間の実際的な経験のすべての範囲である言語と行為において、人間はそれらの中から、ある共通する原理を抽象しようとしないことを、ヘラクレイトスは批判している。否定的文脈の中で用いられていることから、「エポス」という用語が、真理にとって不可欠な「共通である」という性格を持たないということは、明らかであると思われる。さらに、複数形で用いられていることからも、その用語は、「（真なる）ロゴス」の内容である ratio という意味を持ちえないと考えられる。

　さて、ヘラクレイトスは、「ロゴス」という言葉を説明するにあたって、その言葉の派生語や同義語を多用している。ヘラクレイトスの用語使用に関して、カーンはその特徴を、resonance と linguistic density という概念

によって説明している[12]。私は、カーンのいう二つの特徴のうちで、resonance という側面にこそ、ヘラクレイトスの難解な用語使用を解決する手がかりが存すると考える。以下において「ロゴス」という言葉の派生語や同義語について検討しておきたい。

「ロゴス」の派生語や同義語については、 ξὺν νοῷ λέγοντας （断片114）、… λέγειν καὶ ποιεῖν κατὰ φύσιν （断片112）、… ὁμολογέει （断片51）、… ὁμολογεῖν （断片50）を挙げることができるであろう。

カーンも主張しているように、ヘラクレイトスは自分の思想全体を構成するひとつの中心となる思索について語る際に、その思索を直截的に語るばかりでなく、思索そのものを表現する用語と、他の文脈の中で用いられているその用語の派生語や同義語を「共鳴」させることによって、より豊かな内容を与えようとしているとみなすことができる。それは、「ロゴス」を知ろうとしない一般の人々に対しても、その容易な理解を促すためであったとも考えられる。

先に例示した四つの断片における派生語や同義語を、それぞれの文脈中において解釈するならば、断片114は、「ノースを持って語る人々は、……心が揺らいではならない」と読むことができ、その文意は、人々に「ロゴス」を奨励することにあるといえるのであり、断片112は、「知」の内容として、「ピュシスに従って語り行為すること」を規定しているといえるからである。さらに、断片51に関しては、第1章第4節で論じたように、対立関係の解消に同意理解しえない人々を批判する文脈の中でその同義語が用いられており、また、断片50においては、「知（ト・ソフォン）」の定義として、「万物が一であることに同意理解すること」という一節が与えられているからである。

しかし、人々は言葉においても行為においても、ヘラクレイトスが求めている理想的な人間像からは遠い地点に留まったままである。人々は「ロゴス」を「認識したり」（断片17）、「把握したり」（断片 1、34）することができない。この事実に加えて、なお一層ヘラクレイトスにとって救い難く

第3章 「ロ ゴ ス」

思われたであろうことは、彼らが「ロゴス」について「学んだ時ですら」（断片 1、17、34）、自分と「ロゴス」との、すなわち、自分の現在の「知」の段階と真なる「ロゴス」との距離を意識しないということである。

彼らは、あたかも「夢遊病者＝言葉や行為を試みながらも、経験がないかのように振る舞う者」（断片 1）のごとく行為する。真なる「ロゴス」に到達していないという点で、たとえその人が著名なる学者や有名人であるにしても、「嘘つき」（断片28b）とか「詐欺師」（断片81）とか、ヘラクレイトスによって呼称されてもなんら不思議ではない。次章において取り上げる多くの断片中において、ヘラクレイトスが行った人間批判は、特に著名人たちに対して辛辣なものであるであるが、それは少なくとも、彼らが知的作業に従事したと人々から認知されるとともに、その結果、「知者」としての賞賛を受けていたからであると推測できる。次章において、ヘラクレイトスの人間批判について検討することを通して、ヘラクレイトスの説いた人間の「知恵（ソフィエー）」、あるいは「知者」について考察する。

注1） Guthrie, HGP. p.428.
　　　ガスリーは、紀元前五世紀における「ロゴス」という言葉の意味を11通り例示している。（ibid. pp.420-424.）私が行う、oratio と ratio という「ロゴス」分類は、それぞれ、ガスリーの分類では、(1)(3)(4)と(5)(6)(7)(8)(9)に相当すると考えられる。
2） Kirk, *HCT*. p.70.
3） Kirk＝Raven, *PP*. p.188.
4） cf. Ed.L.Miller, The Logos of Heraclitus; Updating the Report. *HTR*. 74（1981）. p.168.
5） この断片においては、$πάντων$ を男性にとるか、中性にとるかに応じて解釈が異なる。男性にとるならば「すべての人々から」と、中性にとるならば「万物から」と訳出される。ヘラクレイトスの他の断片におけるその用法を考慮に入れるならば、双方ともに可能な解釈である。たとえば、男性にとる用法は、後に引用する断片78によって十分保証される。しかし、この断片における $πάντων$ に関しては、$ὅτι$ 以下が人間にとっての最も深い

認識内容を示すと考えられること、さらに、この断片の背後に見え隠れするヘラクレイトスの自負を支えているものは、自分だけが「ロゴス」に従って世界を把握したという信念であると考えることができるということ、これら二つの根拠から、私は中性の「万物から」という読みをとる。
  cf. Marcovich, *H*. p.442.
   Kahn, *AThH*. p.115.
6) Guthrie, ibid. pp.96-97.
 Kahn, ibid. p.419.
7)「人間たち（$ἄνθρωποι$）」「多数の人々（$οἱ\ πολλοί$）」という言葉とは対照的に、断片29、49においては、「高貴な人々（$ἄριστος$）」という言葉が、主語として用いられている。「プシューケー」に関する後章において考察するが、$οἱ\ πολλοί$ という用語が、「プシューケー」に関してまったく無自覚な人々を意図するのに対して、$ἄριστος$ は「プシューケー」の深化にすでに覚醒して、「ロゴス」を認識することが可能となった人々を意図していると考えられる。
  cf. Boudouris, Heraclitus and the Dialectical Conception of Politics.
   in *Ionian Philosphy*. p.67.
8) Marcovich, ibid. p.8.
9) Gigon, *UzH*. p.61.
10) Kahn, A New Look at Heraclitus. *APQ*. 1（1964）p.193.
11) D.J.Furley, The Early History of the Greek Concept of Soul. *BICS*. 3（1956）p.235.
12) Kahn, *AThH*. p.89. カーンの定義を引用するならば、

  resonance＝a relationship between fragments by which a single verval theme or image is echoed from one text to another in such a way that the meaning of each is enriched when they are understood together.

  linguistic density＝the phenomenon by which a multiplicity of ideas are expressed in a single word or phrase.

である。ヘラクレイトスの断片を解釈する上で、前者は、各断片を総合的に関連づけることによって思想全体を眺めようとする姿勢であり、後者は、断片を構成している単語や句のレベルで、分析的にかつ多層的に断片を解釈しようとする態度である。現存している断片数が少ないことに加えて、

第3章 「ロゴス」

叙述が難解であることを考慮に入れるならば、ヘラクレイトスの思想を解釈する方法としては、ともに不可欠な方法であるだろう。

第4章
ヘラクレイトスにおける人間の「知」

　ヘラクレイトスにおける「ロゴス」は、《真なる言葉》であると同時に、その「言葉」は内容として、万物を貫いているひとつの《割合・定量性》を意味していると考えられた。前節においてみたいくつかの断片において、ヘラクレイトスが、「ロゴス」という言葉の真の意味を把握できず、経験的な日常的事実に拘泥している一般の人々を軽蔑し、嘲笑していることにはすでに触れた。

　本章においては、ヘラクレイトスが行った人間批判の意味を考察し、さらに、「神」の「知」と比較することによって、ヘラクレイトスが意図した人間の「知」について検討する。

第1節　ヘラクレイトスにおける人間批判

　断片　42．「ホメロスは競技場から放逐され、鞭うちに値する。アルキロコスも同様である。」
　　（τόν τε Ὅμηρον ἔφασκεν ἄξιον ἐκ τῶν ἀγώνων ἐκβάλλεσθαι καὶ ῥαπίζεσθαι, καὶ Ἀρχίλοχον ὁμοίως.）
　断片　56．「人間は可視的諸事物の認識に関して、すべてのギリシア人の中で最も賢かったホメロスと同様に騙される、というのも、彼も虱を殺している子供たちによって騙されたからである。子供たちは言った。私たちは見て捉えたもの、それを後に残す。しかし、見えずに捉えなかった

もの、それを持ってゆく。」

(ἐξηπάτηνται οἱ ἄνθρωποι πρὸς τὴν γνῶσιν τῶν φανερῶν παραπλησίως Ὁμήρῳ, ὃς ἐγένετο τῶν Ἑλλήνων σοφώτερος πάντων· ἐκεῖνόν τε γὰρ παῖδες φθεῖρας κατακτείνοντες ἐξηπάτησαν εἰπόντες· ὅσα εἴδομεν καὶ ἐλάβομεν, ταῦτα ἀπολείπομεν, ὅσα δὲ οὔτε εἴδομεν οὔτ' ἐλάβομεν, ταῦτα φέρομεν.)

断片 57.「ヘシオドスは多くの人々の教師である。彼らは、彼が多くを知っていたと信じている。しかし、彼は昼と夜を理解しなかった。というのも、それらはひとつなのである。」

(διδάσκαλος δὲ πλείστων Ἡσίοδος· τοῦτον ἐπίστανται πλεῖστα εἰδέναι, ὅστις ἡμέρην καὶ εὐφρόνην οὐκ ἐγίνωσκεν· ἔστι γὰρ ἕν.)

断片 106.「＜ヘシオドスは＞、日々の本質がひとつであることに気づかなかった。」

(…＜Ἡσιόδῳ＞…ὡς ἀγνοοῦντι φύσιν ἡμέρας ἁπάσης μίαν οὖσαν….)

断片 40.「博識はノースを持つことを教えない。というのも、(もしそうであれば) それはヘシオドスもピュタゴラスも、またクセノファネスもヘカタイオスも教えていたであろうから。」

(πολυμαθίη νόον ἔχειν οὐ διδάσκει· Ἡσίοδον γὰρ ἂν ἐδίδαξε καὶ Πυθαγόρην, αὖτίς τε Ξενοφάνεά τε καὶ Ἑκαταῖον.)

断片 (129)[1].「ムネーサルコスの息子ピュタゴラスは、すべての人間の中で最も学的探求を実践した。そして、著作を選び出して、彼自身の知恵、博識、卑劣な行為を行った。」

(Πυθαγόρης Μνησάρχου ἱστορίην ἤσκησεν ἀνθρώπων μάλιστα πάντων, καὶ ἐκλεξάμενος ταύτας τὰς συγγραφὰς ἐποιήσατο ἑαυτοῦ σοφίην, πολυμαθίην, κακοτεχνίην.)

断片42、56においては、ともにホメロスが批判の対象とされている。しかし、断片42の叙述においては、ヘラクレイトスがホメロスを批判する根拠は与えられておらず、ただ、ホメロスとアルキロコスが、競技会場から放逐され鞭打たれるべきである、という強い主張が展開されるのみである。

第4章　ヘラクレイトスにおける人間の「知」

　ここでは、ホメロスとアルキロコスの並置という点に着目したい。
　プラトンが『イオン』531Aにおいて、やはりホメロスとアルキロコスの両名を、叙事詩の競技会での著名な作者として挙げていることからも、両者の並置は、当時のギリシア人の一般的通念になっていたと推測できるであろう。そのような二人の叙事詩人を声高に拒否することによって、ヘラクレイトスは、叙事詩そのものを批判したのではないであろうか。
　ホメロスが『イリアス』や『オデュッセイア』において謳い上げたテーマは、擬人的「神」の不可侵、絶対的権威と、英雄たちの言動にみられる名誉を重んずる心情と知恵であるだろう。ヘラクレイトスは、そのような英雄たちの行為を、嫌悪したのではないであろうか。たとえば、親友パトロクロスを失った悲しみによって我を忘れ、死者への礼儀すら無視して、敵将ヘクトールの屍をいたぶるアキレウスの行為を、あるいは、キュクロープスの一人、ポリュペーモスの眼を騙して潰してしまったオデュッセウスの行為を、彼は嫌悪したのではないであろうか。
　この断片42の出典であるディオゲネス・ラエルティオスにおいては、この断片の直後に傲慢を諫める断片43が続いていることから、そのような英雄たちが持っているとみなされ、それを人々が賞賛したいわゆる狡知をヘラクレイトスは認めず、そのような狡知を《真なる知》とはまったく異質なものである、と考えたのではないであろうか。
　そして、叙事詩そのものを批判することを通して、人々の讃える英雄たちの生命すら自分の恣意によって左右してしまうような、擬人的「神々」の絶対的権威をも、彼は拒否しようとしたのではないであろうか。次節で論ずるヘラクレイトスの「神」についての叙述と比較してみるならば、以上のような推論が成立するであろう。
　叙事詩人たちは、英雄たちや「神々」を無批判に讃えたがゆえに、ヘラクレイトスの批判対象となっていると、私は推論する。この推論は、「叙事詩人（ραψωδός）たちを鞭打って（ραπίζεσθαι）放逐すべし」というヘラクレイトスの主張が、同語源の用語を用いて揶揄の形式をとっていることか

らも窺うことができるであろう。

　断片56の主題も、「知恵」であると考えられる。その主題は、以下のような三通りの対応関係を提示することによって暗示されていると思われる。それは、(i) 子供と大人であるホメロス (ii) 知恵のない者とすべてのギリシア人の中で最も賢い者 (iii) 騙す者と騙される者という対応関係であり、このことによってホメロスの「知恵」の虚構性が抉り出されることになる。

　子供の発した謎々の内容については、「見て捉えたもの」と「見ずに捉えなかったもの」という表現が、《一見して獲得できる知》と《隠れた知》とを、暗示するものであると推定する。われわれは通常、見て理解した事象の集まりを「知恵」であると考えている。しかし、ホメロスを批判の俎上に置くことによって、《真の知恵》は、そのような一般的理解からはかけ離れた内容を持っているということを、ヘラクレイトスはこの断片において語っていると考える。

　断片57、106、40においては、ホメロスと並び称されるヘシオドスが批判の対象とされる。断片57における「多くを知っていること」、断片40における「博識」が攻撃されるのである。言い換えれば、ヘラクレイトスは、単に「多くを知ること」や、その結果としての「博識」を、忌避すべきことと考えていたと推定できる。したがって、ヘラクレイトスが希求する「知恵」の内容は、$πλεῖστα$ という形容詞や、$πολυ$- という接頭語が意味することとは、まったく逆の内容を持っていたという推論が成立する。そして、そのような「知恵」の内容とは、断片57における「一」、断片106における「一」、断片40における「ノースを持つこと」であると考えられる。

　ホメロスとヘシオドスという叙事詩人たちに対して、おそらく当時のギリシア人たちが払っていたであろう敬意に逆らうかたちで、ヘラクレイトスが行った批判と嘲笑の中に、われわれは、以下の二つのことを読み取ることができる。ひとつには、人間が認識の基本とするべき対立関係の解消ということを、つまり、「万物」からの「一」の帰結を、彼ら叙事詩人たちが理解しないということを。ひとつには、人々の尊敬の対象となっている

第4章　ヘラクレイトスにおける人間の「知」

叙事詩人たちが、実は単に量的に集積された知識を誇る人間にすぎず、《真の知恵》を持つ者ではないということをである。

次に、クセノファネスとピュタゴラスという哲学者たちに対する批判について検討する。

まず、クセノファネスについては、断片40にのみ名前が挙げられているにすぎず、批判の根拠も「博識」であることとしか分からない。ディオゲネス・ラエルティオスが伝えるところによるならば[2]、クセノファネスは60年間に亘って放浪しながら、各地での直接的経験によって見識を増やしたとされる哲学者である。ヘラクレイトスとクセノファネスの残された諸断片を比較してみるならば、クセノファネスの思想は、たとえば、神人同一説批判、思惟により捉えられる抽象的「神」概念など、ヘラクレイトスの思想にも共通すると思われる側面を、幾つも持っているとみなすことができる。しかし、ヘラクレイトスは、そのようなクセノファネスの「知恵」も、集合的知識にすぎない「博識」であるとして退けるのである。

また、ピュタゴラスについては、断片40、(129) において「博識」であること、さらに、断片 (129) において「卑劣な行為」者であるとして批判されている。特に、断片 (129) においては、ピュタゴラス自身の知恵が単なる「博識」にすぎないということ、それに加えて、「卑劣な行為」者であると論難されている。この断片 (129) において批判されているピュタゴラスの「知恵」が、ピュタゴラスの哲学全体を意味すると考えるならば、静的ハールモニエーを基幹とする「知恵」が、ヘラクレイトスにとって、「悪しき（κακός）」ものとみなされるのは当然であるだろう。

さらに、この断片 (129) においては、ピュタゴラスが「知恵」に到った方法として、「ヒストリエー（学的探求）」が挙げられている。その言葉は、自分を取り巻く有機的自然に対して問を発することを意味する言葉である[3]。しかし、個々の「ヒストリエー」を集積した結果として獲得された「知恵」は、ヘラクレイトスにとっては、やはり集積的であるがゆえに、拒否されるものであったと推論する。

さて、ヘラクレイトスが行った人間に対する批判に関しては、それが叙事詩人たちに向けられたものであっても、先行する哲学者たちに向けられたものであっても、それは、彼らが「知恵」を「狡知」「多くを知ること」「博識」であるとみなしていたことがその対象となっていた。
　それでは、ヘラクレイトスが目指した人間の「知」、あるいは「知者」とは、いかなるものであると考えられるのであろうか。そのような「知」、あるいは「知者」に関する考察は、ヘラクレイトスにおける「神」概念の分析の後に行われることによって、より一層容易に論ずることが可能になると思われる。なぜならば、全智とされる「神」の内容を分析し、「神」と人間との懸隔を精確に認識してこそ、ヘラクレイトスがいう人間にとっての「知」、あるいは「知者」が明確化すると考えるからである。

第2節　ヘラクレイトス断片に現れる「神」の概念

　ヘラクレイトスは現存諸断片中において、「神」を複数形と単数形の二通りで用いている。本節においては、それぞれの用法の吟味を通して両者の境界を明確にし、そこに、ギリシアの伝統的神話的側面と、伝統から離れようとする新しい「神」の側面を見いだすことができるかどうかという点を検証する[4]。さらに、ヘラクレイトスの哲学、いわゆる、「上り道と下り道」によって万物の生成消滅を説く体系において、「神」が果たす役割についても付言したい。「神」の複数形と単数形の吟味より始める。

(1)　複数形で表現される「神々」

「神々」という複数形は、以下の諸断片に現れる。

　　断片　5．「彼らはすでにそれで穢れているときに、むなしくも血で自身を

第4章　ヘラクレイトスにおける人間の「知」

清めようとする。あたかも、泥中に踏み込んでしまっている人が、泥で清めようとするかのごとくである。もし誰かが、その人がそのようにしているのに気づくならば、その人は気が狂っていると考えられるであろう。彼らはさらに、あたかも馬たちと話しているかのように、これらの像に祈る。いったいに神々や英雄たちが何であるのかを知りもしないで。」

（καθαίρονται δ' ἄλλῳ αἵματι μιαινόμενοι, ὁκοῖον εἴ τις εἰς πηλὸν ἐμβὰς πηλῷ ἀπονίζοιτο· μαίνεσθαι δ' ἂν δοκέοι εἴ τις μιν ἀνθρώπων ἐπιφράσαιτο οὕτω ποιέοντα. καὶ τοῖς ἀγάλμασι δὲ τουτέοισιν εὔχονται, ὁκοῖον εἴ τις τοῖς δόμοισι λεσχηνεύοιτο, οὔ τι γινώσκων θεοὺς οὐδ' ἥρωας οἵτινές εἰσι.）

断片　24．「神々も人間たちも戦闘で斃れた人々を敬う。」

（ἀρηιφάτους θεοὶ τιμῶσι καὶ ἄνθρωποι.）

断片　53．「戦争は万物の父であり、万物の王である。そして、ある者を神々となし、ある者を人間たちとなし、また、ある者を奴隷となし、ある者を自由人となす。」

（πόλεμος πάντων μὲν πατήρ ἐστι, πάντων δὲ βασιλεύς, καὶ τοὺς μὲν θεοὺς ἔδειξε τοὺς δὲ ἀνθρώπους, τοὺς μὲν δούλους ἐποίησε τοὺς δὲ ἐλευθέρους.）

断片　30．　前出（第1章第1節）

　断片5における「神々」という用語は、「不死なる者ども」として捉えられていた民間信仰における「神」を意味し、「死すべき者ども」でしかない人間に対応して用いられている。断片の内容は、人間たちの無知とその行為の愚かしさを批判し冷笑するものである。ヘラクレイトスはここで、人間の日常的行為の劣悪性を否定することに終始し、彼が行う「神々」の規定に関する直接的表現は含まれていない。したがって、われわれは、「死すべき者どもに向かってヘラクレイトスが投げつける嘲笑を手がかりにして、漠然と「神々」を想定するにすぎない。

　この断片5の前半においては、人間の愚行とその無意味さが比喩を伴って嘲笑されているが、われわれは、断片に用いられた「血」という言葉から、祭壇に流れる犠牲獣の血液と、オルフェウス教徒の血の乱行を連想す

ることができるであろう。また、比喩の部分からは、「(豚は)清水よりもむしろ汚水を喜ぶ」(断片13)が想起されるであろう。厳正な反省に裏づけされていない習慣的反復行為が無知の極にあるということを人間たちは理解していない、とヘラクレイトスは主張しているように思われる。

さらに、断片の内容からするならば、人間が積極的に物事を理解するにいたるための契機は、日常的に誰もが目にする他人の行為を反省することの中にあるといえるであろう。反復的な日々を無為に過ごしているだけの人間の「生」ですら、他人の奇異な行動に接するときにはそれに驚くからである。この驚きを分析することによって、自分が狂人と判定する人間と、判定する自分との境界がいかに錯綜したものであるか、ということに気づく可能性を、ヘラクレイトスは示唆していると推論される。

この断片 5 の後半部においては、伝統的祭儀が虚礼として拒絶されている。「神々」や「英雄たち」の本性を人々は理解していない、とヘラクレイトスは語っている。そして、一連の宗教的儀式において、習慣や伝統の強制によって、偶像に対して祈るという行為を積極的に実践する人々は、ヘラクレイトスにとって、「神々」の本性を知ろうとしない者たちである。いずれの場合においても、彼らの行為は、「馬と話している」かのような醜悪さを感ずる行為に他ならない。

なぜならば、理解するということを十全に完遂するためには、思惟、すなわち、「言葉(ロゴス)」に依らねばならないにもかかわらず、自分の一方的発言に終始する偶像との対話――そもそも、それは対話ではなくて独白にすぎない――は、「ロゴス」否定の上に成立するからである。したがって、断片 5 において、ヘラクレイトスは、「神々」への祭儀に付随する人間の行為の中に承認された敬虔という概念を批判することによって、「神々」そのものの再検討を、人間たちに促していると考えられるであろう。

断片24は、ホメロス以来、ギリシア人が認めてきた「戦闘における死」の価値に触れている。臆病を忌避して、自分の属する集団の一員として無言の「死」を選択することは、最大の美徳のひとつとして、既定の価値体

第4章　ヘラクレイトスにおける人間の「知」

系の中に組み込まれていた行為である。断片の表面上の叙述は、そのような「死」を評価して、その価値を一応承認していると読める。しかし、おそらくヘラクレイトスが意図した内容は、そのような皮相な表面的意味ではなかったであろう。

　カークはこの断片解釈において、人間の死と「プシューケー」の乾湿という側面から、「もし死の瞬間に水の総量が火の総量を超えれば、全体としてのプシューケーは、水への変化という「死」を蒙るのである。しかし、もしプシューケーが顕著に乾いていれば、その場合には、水になるという「死」を逃れ、火という世界のプシューケーに結合するのである」としたうえで、「プシューケーが火への十全な還帰を成し遂げるためには、人間の死にとって突然であることが必須である」がゆえに、「戦闘における死」が尊ばれると論じた[5]。

　しかし、私は、カークが論拠とする、人間の「プシューケー」と「火」との同一視に対して疑問を抱いているがゆえに、彼の解釈は受け入れ難い。私は、この断片が、「斃れた人々」を素朴に「英雄」視すること（断片 5）に対するヘラクレイトスの疑念を表明したものであるとみなす。断片 5において語られていたように、人々の愚行の根拠である「何であるのかを知りもしないで」という一句は、この断片の内容に対しても当てはまると考えるからである。

　人々は戦死者を埋葬し、その死を賞賛し記憶にとどめる。しかし、たとえば、「屍体は、糞よりも投げ捨てられるべきものである」（断片96）というヘラクレイトスの毒舌を思い出してみるならば、この断片の言外に隠されたヘラクレイトスの真意は明らかになるであろう。戦闘行為自体は、以下の断片53において端的に述べられているように、「対立の一致」という概念から考えてみるならば、その中に、「死と破壊」「生と創造」という連鎖を持つという点で、静なる状態に万物が留まることを許さないものである。したがって、人間たちが死者を敬って、そのような戦闘の結果である「死」を偶像化し、「馬たちと話しているかのように祈って」（断片 5）みても、そ

れは狂気に他ならないのである。そして、自分たちが祈り尊敬するものを「神々も敬う」と思い込むのは、人間の身勝手にすぎない。

　この断片における「神々」という表現も、英雄たちを創造することに積極的な「神々」に代表される、伝統的神観に対するヘラクレイトスの不満を表すものであるといえるであろう[6]。

　断片53を取り挙げる。この断片において、「父」でありまた「王」であると言われている「戦争」は、「死と破壊」の主要因である。それは、ヘラクレイトスにとって、固定したひとつの状態に留まろうとするような、反本来的にみえる動きや意志に対して、外部から加えられる強制の力であり、次の「生」を生むために「死」を招来する必然性を表現する用語である。

　この意味からするならば、この断片53における「戦争」という用語は、「火」を想起させるかもしれない。一切を等しく捕らえて自らの洗礼を受けさせねばおかないという「火」の暴力性を、激しさにおいてそれと匹敵する「戦争」として表現していると類推できるからである。しかし、「戦争」と「火」をその性質の類似性から捉え、この断片の意図が、常に離反して止むことのない世界の運動性の主張にあると論ずることは、極端すぎるのではないであろうか。なぜならば、断片の中には、直接的に「火」を指示する用語が見当たらないことに加えて、断片は、実際の戦闘行為について叙述するものであるとみなす方が、妥当と思われるからである[7]。

　参戦した人々が戦闘行為の結果、人々から讃えられる戦死者たち（神々）と生者たち（人間たち）とに分かれ、さらに、生者たちは戦闘の勝敗によって奴隷と自由人とに選別される、という断片の後半部に関する表面的解釈の背後に踏み込んだ解釈を考えてみたい。すなわち、戦闘の結果に応じた、個人の運命（死者と生者）であれ、集団としての運命（奴隷と自由人）であれ、人間の身体的状況を意味する用語の中に、ひとつの精神的な解釈をみようと試みたい。

　その解釈は、「戦争」を「火」に匹敵するものと考えるのではなく、「戦争」を人間の認識について、ないしは、徳について、人間に考えさせる機

第4章　ヘラクレイトスにおける人間の「知」

会であると見る推論である。このような推論が成立するならば、現実に存在する体制を転覆させる「戦争」という力、すなわち、「ハールモニエー」から万物を引き剝そうとする意志を、人間が真に理解しうるかどうかという点に、「神々と人間たち」の境界を客観的に査定する基準を見い出すことができることになる。さらに、後述するように、人間にとって完全にそれを理解することは不可能であるにしても、「自己探求」や「ロゴスを聞くこと」によって真理獲得を目指すことが、精神のあり方の上での「自由人と奴隷」との境界となる、という解釈も可能となる。

　この断片53における「神々」という用語は、不明瞭なまま残されていた断片5における「神々」の規定に、ひとつの解答を与えるとみなされる。すなわち、「何であるのか」（断片5）と問われる「神々」の本性は、人間の側からの接触が徒労に終わるものである、と否定的に規定されるのである。複数形で表現される「神々」は、「不死なるものども」という、伝統的神観に立つ表現であると考えられるのであって、ヘラクレイトスは、その用語を、人々に自らの無知を知らしめるために、軽蔑的嘲笑的に用いていると考える。本来的に、人間から切り離されている不確定なものに対して人間が払う「敬虔」などは、彼にとって失笑を禁じえないものであったと推定する。複数形で表現される「神々」のこのようなあり方は、断片30においてより明らかになる。

　第1章第1節において論じたように、断片30は、ヘラクレイトスの宇宙論の中核をなす断片のひとつであった。ここに語られている「コスモス」の永遠性は、「神々によっても人間たちによっても作られたものではない」と、他に原因があることを拒否するとともに、自らが過不足の一致した状態を永久に保つことによって、世界の生成変化の背後にある絶対的根拠となっていた。たとえば、ヘシオドスが『神統記』において展開した宇宙創造論の中に、綿々と系譜を語られる「神々」は、ヘラクレイトスによれば、宇宙自体の永遠性によって拒否されることになる。

　古代ギリシアの伝統的宗教観を眺めてみるならば、人間の運命はもちろ

ん、生成消滅や変化という宿命から逃れることのできない万物は、「不死なる者ども」として表現される「神々」によって、無条件に支配を受けているとみえる。このことは、ギリシア神話において、神々が人間と接触を持つことによって生じたさまざまな人間の側での結末や、ディオゲネス・ラエルティオスが伝える[8]、アナクサゴラスの「太陽は火石である」という主張に対する人々の反応から、十分に推定できる。したがって、すでに示したように、断片30において、永遠性という「コスモス」の持つ性格が確定したこと、断片 5、24、53において、ヘラクレイトスが用いた、「神々」という複数形表現を検証することによって、上に示したような視点に立つ伝統的宗教観を無批判に甘受していた「人間たち」と同じ位置に、「神々」がヘラクレイトスによって引き摺り降ろされたと私は解釈する。

(2) 単数形で表現される「神」

単数形で表現される「神」は、断片78、102、83、67、114に現れる。

断片 78．「人間のエートスはグノーメーを持っていない。しかるに、神の（本性）は、持っている。」
 (ἦθος γὰρ ἀνθρώπειον μὲν οὐκ ἔχει γνώμας, θεῖον δὲ ἔχει.)
断片 102．「神にとってはすべては美しく正しい。しかるに、人間たちはあるものを不正であると、また、あるものを正しいと考えてきたのだ。」
 (τῷ μὲν θεῷ καλὰ πάντα καὶ ἀγαθὰ καὶ δίκαια, ἄνθρωποι δὲ ἃ μὲν ἄδικα ὑπειλήφασιν ἃ δὲ δίκαια.)
断片 83．「人間たちの中で最も知恵ある者ですら、神に比べるならば、知、美、そして、他のすべてのものにおいて猿に見えるであろう。」
 (ἀνθρώπων ὁ σοφώτατος πρὸς θεὸν πίθηκος φανεῖται καὶ σοφίῃ καὶ κάλλει καὶ τοῖς ἄλλοις πᾶσιν)
断片 67．前出（第1章第2節）
断片 114．「ノースを持って語るとき、人々はすべてに共通なるものに従わねばならない。ちょうど、国家が法に（従わねばならないように）であ

第4章　ヘラクレイトスにおける人間の「知」

り、しかももっとより堅固に（従わねばならないの）である。というのも、人間たちのすべての法は、神のひとつ（の法）によって養われているからである。なぜなら、それは意図する限り遠く行き渡り、すべてにとって十分であって、それでも余るくらいだからである。」

　（ξὺν νόῳ λέγοντας ἰσχυρίζεσθαι χρὴ τῷ ξυνῷ πάντων, ὅκωσπερ νόμῳ πόλις, καὶ πολὺ ἰσχυροτέρως. τρέφονται γὰρ πάντες οἱ ἀνθρώπειοι νόμοι ὑπὸ ἑνὸς τοῦ θείου· κρατεῖ γὰρ τοσοῦτον ὁκόσον ἐθέλει καὶ ἐξαρκεῖ πᾶσι καὶ περιγίνεται.）

　断片78から取り挙げる。この断片は、人間と「神」の「エートス」を比較することによって、「神」を規定しようとする試みを示すものであろう。「グノーメー」の有無が人間と「神」の境界をなすわけであるが、この「グノーメー」こそ、断片41における「知恵はひとつである。（それによって）万物を通して万物が操られているグノーメーを認識すること（である）」という叙述からも分かるように、人間が知識する真の対象を意味する用語であると推定する。

　この断片においては、「グノーメー」が内容的に何を意味するのかについては語られていない。しかし、この断片における単数形の「神」は、「エートス」として「グノーメー」を持つという点で、先に、「エートス」を問うことすら徒労であると論じられた複数形の「神々」とは、すでに異なっているといえるであろう。

　カーンも、「断片78は、神の知識と人間の愚かさとの間の伝統的なギリシア的対比を越えたところにある。そして、この断片は、断片41に含まれている知恵についての曖昧さに関する注釈である」[9]と述べて、ここに示される「神」が、伝統的神観をすでに脱したものであるという立場をとっている。伝統的神観に立つ「神々」を、人間の側に引き寄せられた存在であるとみなしたのに対して、「神」はその本来的なあり方で、人間から離れて存在していると推定する。そして、このような「神」と「人間たち」との差

異について、厳密に説明する断片が、断片102である。

　断片102は、ギリシア人の価値観の中で特に重要であるとされる、「美と正」という徳目を基準として、「神」と「人間たち」を分析するものである。断片においては、「神」の判断が恒常的であるのに対して、「人間たち」のそれは一過的で恣意的であるということを示している。ここで、なぜ「人間たち」の判断が一定でありえないのかという問については、二通りの解釈がなされてきた。

　そのひとつは、カークに代表されるものである。カークは「（諸対立の根底にある統一を見る）総合的見解は、（分析や相違のみを見る）分析的なそれよりも賞賛に値する」[10]としたうえで、「神は総合的見解を持つ。そして、それはより真なるものである。というのも、彼（神）は宇宙内における万物を美しく正しいものとして見るが、その一方で人間たちは、美と醜等という諸対立へと（万物を）分析するのである」[11]と、「神」と人間を対比する。さらに、「神の観点からするなら、……それ（総合的見解）は唯一の意味あるものである。また、人間たちにとっても、ふつうは、それを完全に怠っているのではあるが、それはまず第一に重要なものである」[12]と説いた。このようなカークの解釈は、先に立てた問いに対して、人間が「対立の一致」を認知することを怠っていることに、解答を求める立場である。

　もうひとつの見解は、「人間たち」の判断の相対性を、人間の視座に由来すると説くギゴン、マルコヴィッチに代表される解釈である[13]。「対立の一致」を認識しないことに、「人間たち」の無知の根拠を求めるギゴンの立場からは、なるほど、「人間たち」の価値基準の可動性は説明できるであろう。しかし、「対立の一致」を人間が認識できないということを、人間の本性的なものであるとする点で、彼らの解釈は認識の可能性を残すと考えられるカークの解釈とは異なる。

　ヘラクレイトス自身も、「病気は健康を、飢餓は飽食を、労働は休息をそれぞれ快いものとなす」（断片111）と述べているように、「人間たち」の知にとって補完的価値の存在することが、ある意味で、必須の前提となって

第 4 章　ヘラクレイトスにおける人間の「知」

いることは明らかであると考える[14]。そして、「人間たち」の本性のこのようなあり方について、「……と考えてきたのだ（$ὑπειλήφασιν$）」という現在完了形が使用されていることに、人間の「知」が段階的に深化するということを読み取ることによって、ヘラクレイトスが、「対立の一致」に関する認識の可能性を人間に残していたと推定したい。

　断片83において、ヘラクレイトスは、「最も知恵ある」という形容詞の最上級を「人間たち」の中の一人に付加し、そのような最高の人間ですら、「神」の知恵の前では「猿に見えてしまう」と表現することによって、「人間たち」の知恵に対する「神」の絶対的卓越的な知恵を際立たせている。さらに、知恵においてみられる対比が、「神」と「人間たち」との間のすべての面において同様に成立すると、ヘラクレイトスは述べることによって、もはや「人間たち」には「神」への主体的接近が許されないということを、暗示しているようにみえる。

　しかし、もしそうであるならば、「人間たち」の知恵は相対的なものに留まることになり、ヘラクレイトス自身が主張する「対立の一致」を知ることなど、まったく不可能となるであろう。それゆえに、この断片における叙述は、「神」の前での「人間たち」の劣性を端的に示すことによって、人間の認識を拒否する内容ではなく、「神」の側からの働きかけ、言い換えれば、「神」が自らを顕示するその現れを、まず正確に受け取ろうとする態度を、人間に要請する内容であると推測したい。人間の認識は、ある意味において、諦念から出発するといえる。それでは、いったい「神」はどのようにして自らをわれわれの前に示すのであろうか。

　断片67に挙げられた、「昼と夜」「冬と夏」「戦争と平和」「飢餓と飽食」という対立関係を示す四組の事例は、それぞれ「神」の補語である。そして、四組の事例ともに、用語そのものが持っている意味上の対立を、現実的な継続的相互交代という視点から、一致すると説明できる対立関係であることは、すでに述べた。より厳密にそれぞれの対立関係を示す事例を眺めてみるならば、「昼と夜」「冬と夏」という二組の事例は自然現象の中に

91

存するものであり、「戦争と平和」という事例は社会現象の中に存するものであり、「飢餓と飽食」という事例は人間の生理現象の中に存する事例であるといえる。このことから、われわれは、「神」の領域が存在すべてに及ぶものであるということを、言い換えれば、すべての対立関係は「神」の本性が現象したものである、ということを示していると考えられる。

そして、この断片67において、「神」は「火」と置き換えることができるであろう。断片の後半の叙述において、「人間たち」の前に現象してくる「神」についての多様な表現は、火中に投じられた香料の香気に従って、「神」がさまざまに呼称される場合との類似から、「神」のひとつの側面のみを「人間たち」が注視し、呼称することに起因すると推論できる。香気を生ぜしめている原因である「火」に気づくことを、類比的に「神」の場合にあてはめてみるならば、現象の多の中でそれを支えている「神」に気づくことに他ならないと考えられる。また、「神」を世界の原理である「火」と類比的に捉えることは、ヘラクレイトスの「神」に新しい側面をもたらすことになるであろう。

先に引用した断片102に示されていたように、「人間たち」の判断が、相互補完的な価値に基づいて下されるものである以上、この断片において挙げられたような具体的対立関係に、われわれの視座が拘泥することは止むをえないことであるだろう。しかし、ヘラクレイトスは、先に断片83において、「神」が自らを顕示しそれを正確に受け取ることを人間に求めたように、この断片においては、与えられた多様な現象が、「神」のさまざまな現れに対応する相異であると看破することを求めていると推定する。「神」は断片114に示されるように、万物に遍在しているのであって、何物もその支配を逃れられないのである。

断片114における「神」という用語は、もはやその語が民間信仰において持つ意味を、完全に喪失しているとみなされる。断片67において、世界の原理である「火」と等しいと考えられるにいたった「神」は、さらにこの断片において、「共通なるもの」と言い換えられるに及んで、抽象性を増加

第4章 ヘラクレイトスにおける人間の「知」

したと推定できるからである。
　「共通なるもの」という性格を明確化するために用いられている「法（ノモス）」は、人間が同意する最高の現実的価値であると思われる。けれども、「ノモス」は、「共通なるもの」であるにしても、現実的には恒常的でないという点で、相対性の域を出ていないといえるであろう。それゆえに、「ノモス」は比喩として用いられているのであり、「人間のノモスが養われている」という表現が示すように、万物の背後に存する、「ノモス」を養う主体としての「神」という原理が要請されると思われる。
　ここで、同様の方法によって、新しい意味を持つ「神」を提出したと思われるクセノファネスについて、ヘラクレイトスの「神」との異同を検討しておきたい。

(3)　クセノファネスの「神」との対比

　ヘラクレイトスが人間たちの行為批判から「神々」批判に着手したのに対して、クセノファネスは、いわゆる、神人同一説に対する批判という、人間たちの恣意に依拠する「神」の概念批判を行ったと考えられる。結論的にいえば、捉えられた「神」そのものについては、ヘラクレイトスの用いた「神」という用語は、ひとつの原理についての表現手段によるものであると考えられるのに対して、クセノファネスにおける神は、具体性を捨象した純粋なひとつの概念として捉えられている。このように、結果のみを眺めてみるならば、両者は異なった結論に到達したといえるであろう。しかし、それぞれの「神」概念に到達するにいたった、両者の出発点を巨視的な視座から考えてみるならば、ともに、それは伝統的神学に対する挑戦であったと考えられるであろう。
　ヘラクレイトスとクセノファネスが行った伝統的「神々」や先人たちに対する批判において、旧来の思想から自らの思想的立脚点を積極的に切り離そうとしている点においては、両者は共通した動機を持つと考えられる。

ホメロスやヘシオドスが説いた、伝統的「神々」を中心とするそれまでの宗教観や世界観、あるいは、歴史観は、ギリシア内部においてはオルフィズムの勃興と伝播、さらに、異教国ペルシアによる小アジアのギリシア人植民市侵略に伴う価値体系の破壊によって、大きな変革を強いられたと考えられる。そのような時代状況が、「神々」批判の遠因のひとつとなったと推測できるかもしれない。結果的に、彼らが行った批判は時代の要請に応えるものであったとも考えたい。

　しかし、クセノファネスとヘラクレイトスでは、活躍年代に若干ながら前後がある。ヘラクレイトスの断片40において名指しで批判された四人に関して、καὶ と τὲ καὶ によって対置されたヘシオドスとピュタゴラス、クセノファネスとヘカタイオスの関連性が強いと考えるならば、クセノファネスは地誌学者ヘカタイオスと同様に、世界を平面的に捉えたことから、自分の経験に基づいて諸批判を行ったことになる[15]。

　エチオピア人やトラキア人についての身体的記述や、リュディア人についての軽蔑的言葉も[16]、クセノファネスの見聞の広さと博識を証するものではあっても、ヘラクレイトスにとっては、自分の思想とは異なる方向へと展開したものであった。いかに多くの事柄を経験してみても、それらを別個の知識として取り入れ相互比較によって凹凸を論ずるに留まる限りにおいては、「知」に関してヘラクレイトスが行った内的深化にはいたらないのである。この点を明確にするために、クセノファネスの諸断片について、若干検討してみることにする。

　　断片　11．「ホメロスやヘシオドスは、人間のもとでは軽蔑と非難の的になる一切のこと——盗み、姦通、相互に騙すことを神々に帰した。」
　　断片　12．「(クセノファネスによれば、ホメロスとヘシオドスは)神々の限りなき非道な仕業——盗み、姦通、相互に騙すことを口にした。」
　　断片　14．「死すべき者どもは、神々が生まれたものであり、自分たち(と同様)の衣類、声、身体を持っていると信じている。」
　　断片　15．「しかし、牛や馬やライオンが手を持っていて絵を描き、人と同

第 4 章　ヘラクレイトスにおける人間の「知」

様の作品を作るとすれば、馬は馬に、牛は牛に似た神々を描き、それぞれ自分に似た体を作るであろう。」
断片　16．「エチオピア人たちは、自分たちの神々が獅子鼻で色黒いといい、トラキア人たちは、（自分たちの神々が）青い目と赤い髪をしているという。」

　クセノファネスの断片中に展開されている、ホメロスとヘシオドスに対する批判の要点は、彼らが、①人間の行為の中にみられる、劣悪さを神々に帰したこと、②神を人間たちの側に引き寄せて、擬人的に表現したこと、③神を表現する際に、自分たちが用いた方法の相対性に気づかなかったこと、という三点に集約できるであろう。
　①に関しては、クセノファネスの断片11、12において、「神々」の「盗み」「姦通」「相互に騙すこと」という三つの具体的行為が挙げられている。それらは、断片11において、「軽蔑と非難の的」であるとされ、断片12において、「限りなき非道な」という形容詞を冠せられている。さらに、クセノファネスの断片中に具体的に残されてはいないけれども、われわれが、ホメロスやヘシオドスの作品中に見い出すことのできる、神々の嫉妬や相互不信、相互干渉という行為も、同じ基準によって、クセノファネスにとっては批判に値する行為であると推定する。①を言い換えれば、クセノファネスは、叙事詩人たちが描き出した、「神々」の行為における人間らしさを糾弾するといえる。
　②に関しては、「死すべき者ども」と「不死なる者」との越え難い懸隔を無視して、詩人たちが、無造作に神を人間に似せていることが論難される。「……自分たち（と同様）の衣類、声、身体を持っていると信じている」（断片14）、すなわち、「死すべき者ども」の付帯性を纏っていること自体が、「不死なる者」にとっては大きな矛盾に他ならないのである。「不死なる者」を表現するために用いられる方法が、逆に、その不可侵性を犯して、人間と神との本来的な隔絶性を損なうことになるのである。しかし、私は、クセ

ノファネスが神を擬人的に描出することを攻撃したということが、すぐさま、彼自身の「神」を準備し提唱するものであったかに関しては疑問を抱いている。

また、断片15、16において顕著とみえる③に関しては、動物と異民族を主語にした仮説が述べられ、「神々」を表現することにおける、擬人法の愚かしさが嘲笑されている。これらふたつの断片を並置することによって、「神々」を表現するために人間が用いた擬人法は、単に自分の経験的な認識に基づくものに他ならず、「神々」の本質を捉えるものではないということが示されている。

さて、クセノファネスが行ったこのような批判を受けて、フリーマン（K. Freeman）はクセノファネスの「神」について、「神は完全な力を持つもの、つまり、人間的限界からの解放——絶対的道徳的善、無制限な知識（無限な知覚と知性）——と、最善であるという状態の安定性を持つものとして考えられねばならない」[17]と述べ、「神は詩人たちの神人同一説に対する攻撃の結果である」[18]としている。

また、スネル（B.Snell）も、「人間たちが、自分たちの神々を自分自身の姿に似せていることを（クセノファネスは）見抜いているがゆえに、彼が教える神は、稚拙な人間の姿をしたものではなく、完全な精神である」[19]と論じている。

これらの見解は、クセノファネスを「一神論者の最初の人」と伝えたアリストテレスの証言[20]に則って、クセノファネスの一神論的主張をより肯定的に解釈したものであるとみなすことができる。フリーマンもスネルも、クセノファネスの叙事詩人批判の意義を積極的に認めているわけであり、スネルにあっては、「クセノファネスの神が精神である」とすら断言している。しかし、はたしてクセノファネスの「神々」は、彼らが解釈したような、純粋に近代的な意味での解釈に耐えうるのであろうか。

クセノファネスの批判の目的が、素朴な疑問から発し、叙事詩人たちを含む一般の人々が、「神」というものに対して抱いていた伝統的な慣習的考

第4章　ヘラクレイトスにおける人間の「知」

えを白日の下に晒すこと、そして、そのような神の姿が、実際には曖昧であり無価値であることを指摘することにあったと仮定してみよう。すると、クセノファネスの「神」は、「神々」が纏わされていた人間的要素や、人間が神を捉える多様な方法を、各個に取り挙げて論駁した結果として帰納的に形成された、と推論できるであろう。クセノファネスにおいては、断片の叙述からする限り、自己の内部で一神論が成熟し、それが論理的整合性を持ちえた後に「神々」批判が行われたと推定する根拠はみられない。

しかし、彼の批判の中には、人間は「神々」に比すれば絶対的に低位な存在であるという、常識的な大前提が存したと推定される。クセノファネスは、断片11、12において、「神々」の無軌道ぶりの責任を叙事詩人たちに帰すに際しても、断片14において、神が人間との類似性によって把握されることに対する不快感を語るに際しても、彼自身、やはり「死すべき者」の立場から批判を行ったと考えられる。したがって、私は、クセノファネスの批判の意味を、フリーマンやスネルのように、肯定的積極的に解釈することに対しては戸惑いをおぼえる。

クセノファネスが提唱する新しい「神」については、断片23、24、25、26がそれに相当する。

断片 23．「ただひとつの神、神々や人間どものうちで最も偉大な神は、身体においても思考においても、まったく死すべき者どもに似ていない。」
断片 24．「神は全体で見、全体で考え、全体で聞く。」
断片 25．「しかし、神は苦労せずにおもいのままあらゆるものを動揺させる。」
断片 26．「神は常に同じ所に留まってまったく動かない。ある時にはあちらへと、ある時にはこちらへと動くことは、神に似合わない。」

断片23は、「神」と「死すべき者ども」との懸隔を再確認するものであり、断片14において展開された「神々」の擬人性批判と密接に関係している。残りの断片24、25、26は、「神」の諸属性——全体性、全能、不動——

を説明するものである。

　これらの断片は，神に関する伝統的情緒的叙述を離れて、「神」についての思弁的把握に踏み込もうとしている点においては、哲学的「神」の萌芽であると考えられるかもしれない。しかし、「神」について述べるこれらの諸断片には、未成熟な要素が見られる。

　そのひとつは、用語使用に際して見られる混乱である。新しく持ち出された「神」は、その擬人性のゆえに批判された「神々」とは、用語の上でも区別されるべきではないだろうか。複数形で用いられた「神々」という用語が、当時の人々にとって身近なものであり、固有名詞によって呼称された神格を意味しているとするならば、それは、クセノファネスにとっては、批判の対象となる「神々」である。しかし、人間の知を論ずる断片18、34において用いられている「神々」という用語は、上記のような意味で解釈されえないと思われる。

　もうひとつの要素は、「神」を定義するために用いられた諸属性が、アナクシマンドロスのト・アペイロンについての諸規定に僅かの修正を加えただけのものにすぎないのではないか、という疑念を禁じえないということである[21]。なぜならば、ヒュポリュトスにおいては、クセノファネスの「神」とアナクシマンドロスのト・アペイロンの属性を説明するために、同じ用語が用いられているからである。

　これらのことから、私にとっては、批判という意味内容が前面に押し出された諸断片の中にも、また、「全体性」に支えられた新しい「神」を説く断片の中にも、クセノファネスの「神」を積極的に近代的意味に評価してゆくべき根拠は見い出されないと思われる。

(4)　断片32における「ゼウス」の意味

　ヘラクレイトスが断片中において、複数形と単数形の二通りで「神」を論じているという事実の中に、われわれは、従来の慣習の上に立つ伝統的

第4章　ヘラクレイトスにおける人間の「知」

宗教観と、そこから訣別しようとする、論理的抽象的な「神」概念を読み取ることができることはすでに提示された。喜怒哀楽に翻弄される、手足を持った「神々」の前において、その偶然の怒りが自分に対して向けられないように、ただ祈念すると同時に一種の諦念の状態にあった人間が、「知」を批判的に顧みることに伴って、人間に対峙する「神」を再検討するにいたったといえるであろう。

同時代のクセノファネスにおける「全体としての神」においても見られるように、単数形で表現された「神」は、経験の範囲を超え出たところにおいて把握されるひとつの概念へと深化したのである。

ヘラクレイトスの場合は、厳密な意味からするならば、彼が意図した、人間をその中に含む広大なコスモスに関する学説の中に、「神」は新しい意味を賦与されて置かれたといえるであろう。言い換えれば、「神」は安寧な地位から放逐され、コスモスを解明するためのひとつの手掛かりとしての役割を負わされたといえるであろう。本節の最後において、このような「神」が伝統的宗教観の桎梏から放たれ新たな地平へと踏み出す、まさにその境界にあると考えられる断片32を検討しておきたい。

断片 32．「知恵はひとつのみである。（それは）ゼウスという名前で呼ばれることを欲しもしないし、欲しもする。」
　　　（ἓν τὸ σοφὸν μοῦνον, λέγεσθαι οὐκ ἐθέλει καὶ ἐθέλει Ζηνὸς ὄνομα.）

断片の読みについて触れておかねばならない。この断片の読みに関する問題は、μοῦνον がどの語を修飾するのかという点にある。カークが指摘したように、μοῦνον の修飾関係には (i)「ひとつのもの、唯一の知恵」(ii)「ひとつのもののみ、知恵」(iii)「ひとつの知恵のみ」(iv)「知恵は、ひとつのもののみ」(v)「唯一の知恵は、ひとつ」という、五通りの可能性が考えられうる[22]。そして、それらの可能性の中から、カーク自身やディール

ス=クランツは、ἓν と τὸ σοφὸν を同格にとり、μοῦνον を τὸ σοφὸν にかけて訳出している[23]。しかし、私はこの立場をとらない。その根拠は以下の通りである。この断片32の最初の部分の語順と、後に取り挙げる断片41のそれとが酷似していることに着目するならば、文章の形式からしても、また、そこに語られている内容からしても、これら二つの語順は共に τὸ σοφὸν を主語として、ἓν を補語として読むことによって、整合性を見い出すことができると考えるからである。断片32においては、補語 ἓν を一層強調するために μοῦνον が付加されているのである。

断片は、「知」がゼウスという名前で呼ばれることを欲しないと同時に欲するという、矛盾した内容を語っている。主語である「知」に対して相反する述語が並置されているわけである。述語動詞の否定と肯定の並置によって、この断片32は、「対立の一致」を説明するためのひとつの事例であるとみなすことができるであろう。「知恵」は、ある人にとっては「ゼウス」という名称によって認識されるものであり、同時に、別の人にとってはそのようには認識されない。「知恵」そのものは、《ひとつ》であり、そのような対立を超えたものと述べられているからである。すでに用語そのものが対立的意味を持っているさまざまな例とは違って、この断片においては、否定辞 οὐκ が対立関係を作り出しているのである。

さらに、二つの述語動詞を結合している接続詞 καί は、「対立の一致」について語る諸断片中において用いられている καί と同様に解釈されうるであろう。「対立の一致」について語る先の諸断片中においては、対立的用語を結合していた καί が、この断片32においては、二つの述語動詞を結合しているわけである。「昼と夜」「冬と夏」(断片67)、「始点と終点」(断片103)のような名辞の対立関係を結合する場合よりも、むしろ、否定辞 οὐκ の有無を伴いながら、同一の動詞を結合する場合の方が、叙述の意外性をより強烈に印象づけうるのではないであろうか。

断片における οὐκ ἐθέλει καὶ ἐθέλει の箇所を、私は「欲しもしないし、欲しもする」と訳出したのであるが、これは ἐθέλω の持っている第一

第4章　ヘラクレイトスにおける人間の「知」

義である意志、意図という語意を積極的に訳出したものである。「知」は自ら相反する意志を持つのである。さらに、$\dot{\varepsilon}\vartheta\dot{\varepsilon}\lambda\omega$ が否定辞と共に用いられて「可能」の意味を持ちうることを考えてみるならば、「欲しえないし、欲しうる」とより強く訳出することも許されると考えられる。

いずれにしても、この断片においては、ひとつの主語に対して、本来あるはずのない様態で述語が対応しているのである。述語の内容は「ゼウスという名前で呼ばれること」であり、「ゼウス」という名称を、「神々」の父という伝統的意味に捉えるならば、述語動詞の否定と肯定の差異が生じるのである。

最初に、述語動詞が否定される場合における不定詞句の解釈について検討する。この場合、ヘラクレイトスの意図する「知」全体が、たとえ、ゼウスが他の神々の父であり最高神の地位にあるにしても、ギリシア伝統の神観に依拠するゼウスという名辞によって呼称されえないということは、至極当然であるだろう。というのも、ゼウスという神自身が持っている偉大さ、強大さばかりでなく、彼に対する人間の側からの畏怖の大きさを考慮に入れるにしても、伝統的な「ゼウス」はヘラクレイトスの「知」の持つ意味を具現しえないからである。神に対する一般的属格 $\Delta\iota\acute{o}\varsigma$ の代わりに、ホメロスが頻用すると共に、直截的にゼウスを連想させる $Z\eta\nu\acute{o}\varsigma$ という属格を用いているということも、自分の「知」とゼウスとの懸隔をより人々に印象づけると共に、それを明確化しようとするヘラクレイトスの隠された意図であると考えることができるのである。

次に、述語動詞が肯定される場合における不定詞句の解釈について検討する。この場合、伝統的な神中心観に依拠するゼウスという神が一応肯定されてはいる。しかし、ゼウスという名辞が惹起するすべての煩雑な諸属性が許容されているのではなく、主語である「知恵」が「ひとつのみである」とされていることから、ただ、その卓越性のみが肯定されていると考えることができる。正義を十全に具現する者であると同時に、しかし、激怒して自ら悪意を持って復讐するような人間くさい神が、後述するような、

一種の形而上学的意味を付与されようとしているヘラクレイトスの「知」の内容と、完全に一致することはありえないからである。しかし、この断片においてヘラクレイトスが主張していることは、「知」の唯一性である。この観点からするならば、そもそも、「知」はいかなる名称によって呼称されようとも何らその本質は変わらない。ヘラクレイトスは、あえて「ゼウス」という用語を用いることによって、人々により強い印象を与えようとしたと推測する。したがって、この断片において用いられた「ゼウス」という用語は、単なる名称であり意味を持たないものである。

また、多くの研究者たちが指摘しているように[24]、音声的類似性から考えて、$Ζηνός$ という語形の中に $ζῆν$（生）との相似性を読み込むにしても、この断片の意図からするならば、「知」が単に「生」という名称でのみ捉えられうるものではないということが分かるであろう。音声的類似性が引き起こす $Ζηνός$ と $ζῆν$ の暗示を考慮に入れて断片32を解釈するならば、「生」の否定すなわち「死」と、「生」の肯定すなわち「生」そのものとの一致が、示唆されていることにもなる。われわれが積極的にその意味を読み込むならば、「知」は「死かつ生」として呼称されるべきものである、といわねばならないであろう。

断片32において「ひとつである」とされる「知」は、断片の文字通りの意味からするならば、ひとつの名称によって呼称されなくてもよいし、または、されてもよいという曖昧な規定を受けるものである。「知」を「ゼウス」と呼称してもしなくても、それは決して「知」全体を理解したことにはならないのである。また、このことは、「ゼウス」という名称に限らず、他のどんな名称を用いても同様であると考えられる。

いったい、ヘラクレイトスにおける「知」とはどのような規定を受けるものであり、また、われわれはいかにすればそのような「知」との距離を意識的に縮めたり、あるいは、「知」に到達できるのであろうか。

第4章　ヘラクレイトスにおける人間の「知」

第3節　「ト・ソフォン」と「ソフィエー」

　われわれは、本章第1節において、ヘラクレイトスにおける人間批判を、第2節において、彼の提出した新しい「神」という概念と人間の「知」の可能性について検討してきた。
　ヘラクレイトスにおいては、万物に「共通するロゴス」に従って、「対立の一致」を認識することが、「ノースを持つこと」（断片40）であると推定した。個別な事実の集合である「博識」は、「ノースを持つこと」（断片40）を人間に教えず、「ノースを持つこと」が、「共通なるものを知る手がかりである」（断片114）と、ヘラクレイトスが述べているからである。さらに、「ノースを持つこと」は、「健全な状態で思惟すること（$\sigma\omega\phi\rho o\nu\varepsilon\hat{\iota}\nu$）」（断片112）と同義であると推定する。後述する断片113において、「思惟すること（$\phi\rho o\nu\acute{\varepsilon}\varepsilon\iota\nu$）は人間に共通である」と述べて、「思惟すること」が、「共通なるもの」を理解するうえでの人間全体に与えられた能力であることを、ヘラクレイトスが述べているからである。さらに、断片112においては、「健全な状態で思惟すること」は「最大の徳」であり、「真実を語り行うこと」であると述べられている。このように捉えてみるならば、「ロゴス」から「真実を語り行うこと」までが等号で結合されて、それらはすべて、人間の「知」に関する内容を意味することになると考えられる。
　さて、このような等位関係は、最初に置かれた「ロゴス」という言葉が持っている多様な意味のうち、最も本来的で基本的な「言葉」という意味と、最後に置かれた $\lambda\varepsilon\gamma\varepsilon\hat{\iota}\nu$ という動詞の不定形が同義であることから、ひとつの完結した閉じた円環を構成することになる。しかし、等号によって結合される各々の項目を考察してみるならば、この等式の中にも、いくつかの問題が含まれていることが明らかになるであろう。本節においては、特に断片41において語られる「ト・ソフォン」「グノーメー」が惹起する問

題を考察しながら、他の断片も参考にして、ヘラクレイトスが意図していた「人間の知」の内容に関して論ずる。

断片 41．「知恵はひとつである。万物を通して万物を操るグノーメーを認識すること（である）。」
（ἓν τὸ σοφόν, ἐπίστασθαι γνώμην, ὁτέη κυβερνῆσαι πάντα διὰ πάντων.）

最初に、断片の読みについて吟味する。ὁτέη κυβερνῆσαι の箇所に関して、さまざまな読みの試みが研究者たちによってなされてきた。

ὁτέη の部分については二通りの読みがある。それは、「～によって」を意味する関係代名詞 ὁτέη と読むか[25]、「～どのように」という意味の関係副詞 ὅπη のイオニア方言形 ὅκη と読むか[26]というものである。

動詞の時制に関しては、現在形とアオリスト形の二通りが考えられる。相に関しては、能動相と受動相の二通りが考えられる。κυβερνῆσαι と能動相で読むならば[27]、πάντα は目的語になり、「グノーメーが万物を操る」という意味になる。κυβερνᾶται と受動相で読むならば[28]、「万物」は主語になり、ὁτέη 以下が「グノーメー」の内容を示すことになる。

それぞれ、いずれの読みをとるかについては、相の読みを決定する必要がある。κυβερνῆσαι を能動相に読むならば、「万物を操るト・ソフォン」となり、「万物」を操る主体としての「グノーメー」の性格が明確になる。受動相に読むならば、「万物が操られるグノーメー」となり、万物を操る主体は不明瞭である。動詞の時制に関しては、ディールス＝クランツがとったアオリスト形の読みに対して与えられた、カークの「ἐκυβέρνησε という格言的アオリスト形は、行為が継続している場合には不適切である」[29]という主張が妥当であると思われる。そして、現在形の読みをとるならば、ὁτέη は、関係代名詞の読みをとる方が、意味的に無理がないと思われる。したがって、問題の箇所全体を、ὁτέη κυβερνῆσαι πάντα と読むことが妥当であると推定する。

第4章　ヘラクレイトスにおける人間の「知」

　断片41における動詞 $\kappa \upsilon \beta \epsilon \rho \nu \acute{\alpha} \omega$ からは、断片64が連想される。

断片　64．「しかるに、ケラウノス（雷電）が万物の舵をとる。」
　　　　　（$\tau \grave{\alpha} \; \delta \grave{\epsilon} \; \pi \acute{\alpha} \nu \tau \alpha \; o \iota \alpha \kappa \acute{\iota} \zeta \epsilon \iota \; K \epsilon \rho \alpha \nu \nu \acute{o} \varsigma.$）

　断片64において、$\tau \grave{\alpha} \; \pi \acute{\alpha} \nu \tau \alpha$ 「万物」は $o \iota \alpha \kappa \acute{\iota} \zeta \epsilon \iota$ の目的語である。断片64との関連において、断片41を解釈するならば、常に生成消滅して止むことのない「万物」は、一定の「割合」（断片30. $\mu \acute{\epsilon} \tau \rho \alpha$、断片31b. $\epsilon \iota \varsigma \; \tau \grave{o} \nu \; \alpha \iota \tau \grave{o} \nu \; \lambda \acute{o} \gamma o \nu$）を逸脱することなく、操られることになる。
　ケラウノスは、安定と調和に留まろうとする世界内の事物に衝撃を与え、それを揺り動かすものである。しかし、それは単なる秩序の破壊者ではなくて、流れて止むことのない、事物の生成消滅を準備するという働きを持つものであると考えられる。伝統的意味においては、ケラウノスは最高神ゼウスの主要な武器に他ならず、人間たちに向かって正義の指針を示唆するものであると同時に、悪や不正に対しては、強力な報復の手段となるものであった。ヘラクレイトス哲学を語る際のひとつの主要な用語である「破壊と正義」という意味が、この単語の中には本来的に含まれているのである。ヘラクレイトスは、すでに述べたように、戦争（＝破壊）を万物の父とみなし（断片53、80）、正義を割合を逸脱しないこと（断片94）と考えていた。彼は、語の本来的意味の中に、自分の哲学的意味を附加していると推測する。
　次に、断片41、64についての比較検討を通して、「グノーメー」が意味する内容を明らかにしたい。断片41において、「万物」を操る「グノーメー」と、断片64において、「万物」にひとつの正しい方向を指示するケラウノスとの関連を解明する必要がある。断片41においては、「グノーメー」は「認識する」の目的語であり、$\acute{o} \tau \acute{\epsilon} \eta$ 以下が「グノーメー」の内容を具体的に示していた。「認識する」主体である人間が、「認識する」真の対象が「グノーメー」である。

「グノーメー」を吟味することは、本章第1節において論じた、ヘラクレイトスの人間批判の根拠を論ずることと同義であると思われる。本章第1節に列挙した諸断片においては、$\gamma\nu\hat{\omega}\mu\eta$ の派生語が、断片56においては、$\pi\rho\grave{o}\varsigma\ \tau\grave{\eta}\nu\ \gamma\nu\hat{\omega}\sigma\iota\nu$、断片57においては $o\dot{v}\kappa\ \dot{\epsilon}\gamma\acute{\iota}\nu\omega\sigma\kappa\epsilon\iota\nu$、断片106においては $\dot{a}\gamma\nu oo\hat{v}\nu\tau a\iota$ という形で、否定的文脈で用いられていた。

　人間は自らの感覚器官によって、「万物」を構成する多種多様な対立関係を、感覚与件として受け取る。このような、一般的な「知る」という概念を、ヘラクレイトスは、「グノーメー」を「知らない」としている。このことから、「グノーメー」は、一般的「知」とは同一視されえない。

　「眼は耳よりも正確な証人である」（断片101a）と語って、ヘラクレイトスも認識能力としての感官を否定していない。しかし、感官による世界の把握は、単に感覚与件を受動的に把握することにすぎず、いまだに皮相的で浅薄な認識の段階にすぎない。この段階にある人間の認識は個人的なものであり、誤る可能性を大いに持っている。ヘシオドスやピュタゴラスの「博識」が否定されたということも、彼らの「博識」が、「未知なること」を無反省的に受け取って「既知なること」とする行為にすぎないからである、といえるであろう。

　それに対して、ケラウノスは用語自体から連想される神話的意味に加えて、「舵をとる」という述語が与えられたことによって、世界内に存する事物から離れて存在する、ひとつの《規矩》という意味を帯びていると考えられる。またそれは、宇宙の秩序であるとも言い換えることもできる。世界内に存在しているすべての事物が、それぞれ自らの任意性に従って生成変化するならば、天体の運行や、季節の変化等に関する一貫した合理的説明が不可能となる。そのような、「任意、不定であること」に対して、一定の秩序を与えるという属性を、ヘラクレイトスはケラウノスに読み込んだと考える。人間が目指すべき「グノーメー」は、ケラウノスが万物の舵を取るということと同じ意味内容を持つと考えることができる[30]。したがって、人間の「知」の問題に宇宙論的要素が密接に関連しているということ

第4章　ヘラクレイトスにおける人間の「知」

が明らかとなった。

　「神」の持つ完璧な「知恵」に対して、人間の「知」は不完全であり、相対的なものにすぎない。けれども、「ロゴス」に関して叙述する断片2において、「個人的思慮（*ἰδίαν φρόνησιν*）」が否定されていたことを思い出してみるならば、人間の「知」の相対性は、人間相互間の判断に存するというよりはむしろ、人間の内部に存することになるであろう。断片102においては、焦点は「神」の「知」に置かれているのではなくて、あくまで、一個の人間、すなわち、「私」の内部に存する価値が動揺することにあると考えられる。また、人間の「知」の限界を冷徹に叙述する断片78は、先に取り挙げた断片41の内容と、一見すると矛盾するようにも思われる。しかし、可死的存在者であるという根源的負い目から逃れることができない以上、人間の「知」は相対性を免れることができない。このことから、断片41の「知」は上に述べたような「グノーメー」を持たないと考えられる。

　それではいったい、「知恵（ソフィエー）」を目指す時に、人間は何によってその営為を保障されるのであろうか。人間が「ソフィエー」を獲得するためには、まず第一に、自分の外なる世界についての積極的な観察と、観察の結果からの慎重な推論を通して「多くを探求すること」（断片35）、第二に、自分自身の内部に隠れている「ロゴス」を傾聴することという、二つの前提が課せられていた。人間がこれらの前提を克服することは、非常に困難なことであるだろう。したがって、人間が「ソフィエー」を獲得することは、ある意味では不可能であるだろう。しかし、ヘラクレイトスは、人間には、これら二つの前提に挑戦して、人間にとっての最高「知」を知る可能性は等しく賦与されていると語る。

　断片　113．「思慮することは、すべての人々にとって共通のものである。」
　　　（*ξυνόν ἐστι πᾶσι τὸ φρονέειν.*）
　断片　112．「叡知が最大の徳である。そして、ソフィエーは本性に従って理解して、真実を語り行うことである。」
　　　（*σωφρονεῖν ἀρετὴ μεγίστη, καὶ σοφίη ἀληθέα λέγειν καὶ*

ποιεῖν κατὰ φύσιν ἐπαΐοντας.)

　断片113は、前出の断片 2 と比較対照することによって、その文意が明確化してくると思われる。二つの断片において補語として用いられた「共通なるもの」という語に対しては、断片113においては「思慮すること」が、断片 2 においては「ロゴス」が、主語として対応しているからである。「ロゴス」は本来の意味である「言葉」に加えて、「（言葉を用いて）思慮すること」というより積極的意味を持ちうる。断片113は、人間すべてに対する「ソフィエー」の可能性を、「共通なるもの」という形容詞によって保証する叙述であり、その保証は、人間が「言葉」を持っていることと同じくらいに確実なものなのである。しかし、断片78におけるように、人間の本性は「グノーメー」を持ちえず、また、後述するような、人間個人に由来する性質や性向によって、この「共通なるもの」を把握することができない。人間は完全な意味での「ト・ソフォン」を身に纏うことはできず、結局のところ、「知恵を愛する者（φιλόσοφος）」（断片35）に留まらざるをえない。

　そのような人間の「ソフィエー」を、断片112における σωφρονεῖν が示していると考えられる。それは万人に共通に賦与されているような単なる φρονέειν ではない。断片113における ξυνόν…πᾶσι という表現に対して、断片112においては …ἀρετὴ μεγίστη という最上級表現が用いられていることからも、φρονέειν と σωφρονεῖν は「知」に関しての、人間の側における異なる側面を表現しているとみなされる。

　断片112に関して検討する。断片の読みに関しては、従来のストバイオスの句読法に対して、ボラック＝ウィズマンによって新しい試みが提起され、カーク等もそれに従っている[31]。しかし、私は出典であるストバイオスの読みを受け入れる。根拠は以下の議論において自ずと明らかになるであろう。

　さて、私はヘラクレイトスの断片において、唯一この断片中に用いられている ἀρετή という用語に注目する。それは、τὸ σοφὸν「知」に対して σοφίη「知恵」を位置づける根拠となると考えられるからである。この断片は、人

第4章　ヘラクレイトスにおける人間の「知」

間の最高「知」を示す $\sigma\omega\phi\rho o\nu\varepsilon\hat{\iota}\nu$ について、さらに、$\sigma\omega\phi\rho o\nu\varepsilon\hat{\iota}\nu$ と同格をなす、最善の人間の行為について叙述するものである。単なる $\phi\rho o\nu\acute{\varepsilon}\varepsilon\iota\nu$ に留まらず、$\sigma\omega + \phi\rho o\nu\varepsilon\iota\nu$ （健全な状態で＋$\phi\rho o\nu\varepsilon\iota\nu$）へと、意識的積極的に自己を志向することが、人間にとって、$\dot{\alpha}\rho\varepsilon\tau\acute{\eta}$ という意味を帯びるのである。このような $\sigma\omega\phi\rho o\nu\varepsilon\hat{\iota}\nu$ は、「個人的思慮」から発する自己充足や、後述するような、心の放縦さに鋭く対置するものである。倦むことなく、「共通なるロゴス」を聞く姿勢を持ち、それを志向することが、言い換えれば、「ソフィエー」を目標にしながら、自分の集積的知識を吟味することこそが、人間にとっての $\sigma\omega + \phi\rho o\nu\varepsilon\iota\nu$ （叡知＝健全な状態で＋$\phi\rho o\nu\varepsilon\iota\nu$）であり、$\mu\varepsilon\gamma\acute{\iota}\sigma\tau\eta$ という最上級を伴う「徳」に他ならないと考える。

　断片における $\kappa\alpha\acute{\iota}$ 以下の部分は、「最大の徳」に相応する最善の行為について語っている。ここで、行為が最善であるために、「本性に従って理解して」という付帯条件を克服することが、人間には求められている。

　私は、$\kappa\alpha\tau\grave{\alpha}\ \phi\acute{\upsilon}\sigma\iota\nu$ という句を、「本性に従って」と訳出した。この断片112における「ピュシス」という言葉は、内容的には、「グノーメーを持たない」（断片78）ものとして規定された、人間の「本性」であると推定する。そのような「ピュシスに則って理解すること」を試みてみても、本来劣った「本性」による理解は、「ト・ソフォン」を把握しえないであろう。「叡知」が「最大の徳」であるとされ、そのような「徳」に相応する営為に対して、ほとんど達成できないと思われるような条件が課せられていることから、この断片に用いられている「ソフィエー」は、「神」が持つ「ト・ソフォン」とは異なり、人間にとって到達可能な、最高の「知」を意味すると考えられる。先に引用した断片41において、「ひとつである」とされ、「グノーメー」を認識することをその内容とした「ト・ソフォン」は、「神（の本性）のみがグノーメーを持つ」（断片78）と説かれていたことからも、人間の究極目標としての位置を占めている。それに対して、「ソフィエー」は、多大な困難を伴いながらも、可能的には人間が実際に獲得することができる最高の「知恵」を意味すると、私は考える。

しかし、ヘラクレイトスの主張に従うならば、大多数の人間はそのような「ソフィエー」を持っていない。それは、ひとつには、個々の事物の本性（φύσις）が人間からすり抜けようとするために（断片123）、自分の外側にある「万物」の中に、厳然として存在している「対立の一致」に覚醒して、それを認知することが、大多数の人間にとっては絵空事にすぎないためである。またひとつには、上に述べたような、本性的な人間の不完全さに加えて、安逸な方向を選択してしまうという性向が、人間に存しているためである。次節においては、人間が「ソフィエー」獲得に向かう際に、その獲得を妨げる要因について検討する。

第4節　「ソフィエー」を妨げるもの

　人間が「ソフィエー」を獲得することを妨げているものは、人間自身の中にある二つの要因であると、ヘラクレイトスは論じていると考えられる。そのひとつは、自分自身を謙虚に見つめようとしない、いわば人間の個人的性質に起因する要因であり、もうひとつは、自分の判断がどこまでも相対的なものでしかありえないという、人間に共通する要因である。なぜならば、彼の断片中に、人間の傲慢や自堕落さを諫める内容の断片と、人間の本性的限界に嘆息する内容の断片が存在するからである。

(1)　人間の個人的性質に起因する要因

> 断片　43[32]．「傲慢は大火よりもはるかに消されるべきである。」
> （ὕβριν χρὴ σβεννύναι μᾶλλον ἢ πυρκαϊήν.）
> 断片　85．「欲望と戦うことは難しいことである。というのも、それは、望むものをプシューケーを犠牲にして贖うからである。」
> （θυμῷ μάχεσθαι χαλεπόν· ὃ γὰρ ἂν θέλῃ, ψυχῆς ὠνεῖται.）

第4章　ヘラクレイトスにおける人間の「知」

　断片43から取り挙げる。最初にわれわれの注目に値することは、心的状況を表現する「傲慢（ὕβρις）」という名辞に、σβεννύναι（消火する）という動詞が関係づけられていることであろう。これは、「傲慢」を、人間の持っている暗い側面において冷たく燃焼しているいわば冷たい炎として、大火と対応させている表現である。

　この「傲慢は消されるべきである」という表現自体は、ヘロドトスの『歴史』5.77.4、8.77.1や、プラトンの『法律』835D等においても見られるのであり、ひとつの慣用的表現として、人々の間によく知られ、十分に通用していたと考えられることから、μᾶλλον 以下において、敢えて対比して言及しなくても、文意は十分に人々に伝わったはずである。

　ヘラクレイトスの意図が、「傲慢」に関する訓戒にあったとするならば、そのような警告は、故国エフェソスの人々にとっても他のポリスの人々にとっても、何ら斬新な発言でもなく、一般的道徳訓の単なる反復にすぎなかったであろう。しかし、われわれは、ありふれた言い回しの背後に、敢えてヘラクレイトスの深意を探りうると思われる。そのためには、「傲慢」の意味を、ヘラクレイトスの思想の中において位置づける必要がある。

　「傲慢」とは本来、肉体の強靭さに対する自信や、熱情に由来する暴力的尊大さを表す言葉である。それは、人間自身の根源的限界を自覚しようとせず、自分自身の能力を過信することである。その結果として、短絡的行動や軽率な誤った態度が生み出されることになる。この断片においては、このような「傲慢」の否定に対して、万物を灰燼に帰せしめる大火を引き合に出すことによって、より強烈な印象を与えている。

　人間が「ソフィエー」にいたるための方法は、《内なるロゴスを聞くこと》であった。さらに、それは、自己の内部に存する「共通なるものに従うこと」（断片2）である。「傲慢」は、上に述べたように、自分の能力の過信、すなわち、「個人的思慮」（断片2）に拘泥することであり、「共通なるもの」を知ろうとする姿勢を妨げるものである。したがって、「ソフィエー」を獲得することを説くヘラクレイトスにとっては、大火よりもはるかに消され

111

るべきものである。「傲慢」の戒めを説く、言い古された表現の中に、われわれは改めてことの重大さを再認識し、自己の在り方を醒めて眺め直さねばならないのである。

　断片85の意味を検討する前に、$θυμός$ という語の訳出について触れておきたい。$θυμός$ は本来、「感情や情操という形をとって顕わになるような心、あるいは、心の働き」を意味する言葉である。しかし、この断片においては、$θέλειν$（望む）という動詞と共に用いられていることから「欲望」と訳出した[33]。この言葉に対して、L.S.J.においては[34]、ホメロスの『イリアス』16.255、21.64等を引用しながら、「飲食に対する欲求」という卑近な意味が挙げられている。つまり、「欲望」は、自分が欠いているものに対して抱く枯渇感、言い換えれば、対象に向かう直接的な心の働きを表現する用語である。

　「欲望と戦うことは難しいことである」というヘラクレイトスの主張は、人間だれもが経験しうる自己反省であり、「傲慢」の戒めと同様に、目新しいことではない。ヘラクレイトスが「傲慢」や「欲望」に対する批判を行う根拠は、「傲慢」や「欲望」に絡んでいる限りにおいては、そのような人間は、可能的最高「知」を獲得する方法である「叡知＝健全に思惟すること」から、はるかに遠い地点に留まっているにすぎないということを明らかにすることである。「叡知」がわれわれに要求する「健全さ」と、「傲慢」や「欲望」は相入れない。

　$γάρ$ という接続詞によって導かれる断片の後半部においては、人間の欲望充足が「プシューケーを犠牲にすること」と交換になされるがゆえに、最も忌むべきことであるという主張がなされている。「欲望」と「叡知」が、人間にとって対立的価値を持っており、「欲望」が「プシューケー」を毀損することによって批判され忌避されるならば、「叡知」は、逆に、「プシューケー」の望ましい状態に基づいていなければならないことになる。ここにいたって「プシューケー」の健全さと、「ソフィエー」へ向かう「叡知」が関連づけられることになる。

第4章　ヘラクレイトスにおける人間の「知」

(2) 人間に共通する要因

　ヘラクレイトスは、「神はグノーメーを持ち、人間は持たない」（断片78）と述べて、「知恵」に関する「神」と人間の絶対的差異を認める。ここで、「神」と人間を厳格に区別する際に、ヘラクレイトスも、当時通念化していた「神」と動物との中間者であるという、人間規定から逃れていないと私は推定する。人間に「ソフィエー」を獲得する可能性を認めている点で「神」との類似を暗示し、逆に、「傲慢」や「欲望」を捨て去り難いという点で動物とのそれを暗示する、ヘラクレイトスの断片が散見されるからである。
　人間を「神」と動物との中間に位置するものとして規定することは、「比例」あるいは「対比」という方法によって説明されている。フレンケル（H. Fränkel）が、ヘラクレイトスの思想の中に数学的比例に基づく思考形式を読み取ることができるということを提唱して以来[35]、ほとんどの研究者たちもそれに同意してきた。ただ、マルコヴィッチは、「数学的比例の代わりに、彼（ヘラクレイトス）は具体的で明快、そして、民族伝承的な比例を用いている」[36]として、数学的比例を認めていない。しかし、カーンが述べたように、「ロゴスの基本的意味のひとつは、まさに、「割合」「幾何学的比例」である」[37]ということから、私も、フレンケル以来の研究成果に同意する。
　このような「対比」は、二通りの表現方法によって叙述され、ひとつは、断片82、83におけるように、猿と人間という具体例を挙げながら、動物と人間とを比較するもの、ひとつは、断片79、102等におけるように、人間と「神」とを比較するものである。これら二通りの比較は、断片中では個々に取り扱われているが、《神：人間：動物》という比例関係の中に収束すると考えられる。

断片　83．　前出（第4章第2節）
断片　79．　「神の前では大人も子供っぽく見える。ちょうど、大人の前では

子供が（そのように見えるのと）同様に。」
　　（ἀνὴρ νήπιος ἤκουσε πρὸς δαίμονος ὅκωσπερ παῖς πρὸς ἀνδρός.）
断片　102．前出（第4章第2節）

　断片83、79より、それぞれ、《神：最賢人＝人間：猿》、《神：大人（人間）＝大人：子供》という比例式を立てることができる。単数形で表現される「神」が、人間に対置する者としての、人格的特徴を捨象したひとつの概念としての規定を受けることはすでに述べた。《神：人間》という対比のみを考えてみるならば、先にも書いたように、両者を比較して優劣を論ずることは、そもそも無意味である。しかし、ヘラクレイトスが両者を敢えて比較するのは、「神」との懸隔を認識できない人間に対して、「猿」「子供」という、人間が経験できる事柄を用いることによって、その事実を容易に理解させるためであったと考えられる。はるかに自分よりも優るものと向き合わされることによって、一挙に動物と同列の地位にまで貶められてしまうような人間を、再度、本来的「生」に覚醒させるための動機づけとして理解すべきであると考える。

　ヘラクレイトス自身は、「私は自分自身を探求した」（断片101）と語って、一般の人々と自分自身との間に一線を画そうとしている。しかし、そうであるからといって、ヘラクレイトスが傍観者の立場に終始したと考えることは早急であろう。なぜならば、人々に働きかけるという行為自体が、積極的な評価に値すると考えられるからである。

　さて、断片83、102より帰結する《神でもなく単なる動物でもないもの》という人間の在り方が、人間の「ソフィエー」を妨げる要因であると私は考える。

　二つの断片に挙げられる「知」「美」「善」「正義」という徳目については、次の断片においても述べられている。すなわち、「美」に関しては、「あたかもがらくたのように、いい加減に積み上げられたものから、最も美し

第4章　ヘラクレイトスにおける人間の「知」

い世界の秩序が（生まれる）」（断片124）と語られ、また、「正義」に関しては、「もしそれらのもの（不正な行為や悪行）がなければ、彼ら（一般の人々）はディケーの名を知らなかったであろう」（断片23）と述べられている[38]。断片102において、「神」は、取り挙げられた徳目を完全に承知した存在であるということが了解されたうえで、「神」は一方の極を表現する用語によって形容されていると考えられる。このことから、ヘラクレイトスにとっては、「美」であれ「正義」であれ、対立関係におけるひとつの極を意味するにすぎず、「神」という概念に付加される属性であると考えられる。

したがって、徳目は、常に対立して捉えられるときに始めて、それらの対立の背後にある「根源的一致」へと人間の認識が飛躍し、「ソフィエー」を獲得する可能性を持つのである。しかし、人間は不完全な存在である。なぜならば、人間はそれらの本質を見抜くことができずに、各徳目を実現しているようにみえる個々の事象にそって判断を変えてしまうからである。「神」と比較されるときに、人間の混迷の度合いはなんと大きいことであろうか。

断片102において、「あるものを不正とみなし、あるものを正義とみなした」と述べられているように、各々の事例毎に、対立関係のいずれか一方の極に従ってのみ人間は判断し、そして、止まってしまう。そこには、必然的に個人による判断や認識に差異が生ずるであろう。さらに悪いことには、時間の経過等の原因によって、自分自身の判断においてすら動揺が生じ、「正義」が「不正」へ、「美」が「醜」へと様相を変化させることが生起しかねない。そして、このように、人間相互において価値判断の統一が見られず、また，個人においても状況に即応して信念が変化する余地を残しているときに、日常的仮象の背後に隠れている「対立の一致」を捉えることという、人間にとっての最高の「知恵（$\sigma o \varphi i \eta$）」は到底望むことができないのである。

「神」との「対比」において人間を捉える場合、このような二重の劣性の中に埋没している人間が、「神」の眼には猿のように見えたり、その行為が

まるで児戯に等しいとされるのも仕方がないことであるだろう。それは決して自己の責任に帰される個人的な劣等性ではなく、人間である限りにおいて普遍的に課せられている負い目であると、ヘラクレイトスは考えていたのではないだろうか。人間を比例式の中間項に置いた「対比」という方法によって、「神でもなく動物でもない」という、人間の不安定性を強調しつつ、ヘラクレイトスは、人間に対して、「神」と動物のうちのいずれの項を志向し選択するのかという厳しい問を発しているのでないだろうか。

断片 78． 前出（第4章第2節）
断片 119．「人間において、エートスはダイモーンである。」
（ἦθος ἀνθρώπῳ δαίμων.）

先に見たように、人間と「神」の間には価値判断をめぐって、越えることができない壁があり、その前で人間は佇まざるをえなかった。断片102において語られたように、人間が相対的にしか物事を認識できないことは、「グノーメー」の欠如に基づく。すなわち、人間が経験できる多くの可視的事物の中に、不可視な「一」を見い出して、多と「一」との間の必然的連関を完全に把握する能力が人間には欠如していた。

断片78、119はともに、「エートス」が主題である。人と「神」との懸隔を語る基準であることから、それは、まさに人間が人間である本来のもの、まさに「神」が「神」である本来のものを意図していると考えられるであろう。元来、「エートス」は動物や人間の住居を表す言葉であったが、徐々に、習慣や慣行を意味するばかりでなく、性質や特徴を意味する言葉に変容した。

断片78における「エートス」の訳語，「本性」は[39]、後者の意味領域に含まれる。この断片の「エートス」は、L.S.J.に例示され、「習慣の結果としての道徳的性質」[40]と解されている。この訳語は、反復的行為を通して後天的に獲得された人間の性質を指示していると考えられる。さらに、断片119

第4章　ヘラクレイトスにおける人間の「知」

における「エートス」の解釈とも相まって、それを、たとえばマルコヴィッチは「道徳的性質を備えた個人的性格」[41]と、カーンは「人の性格」[42]と解釈して、断片119の内容を、人間の倫理的性格と関連づけて論じたり、「プシューケー」の乾湿による人間の「知」の位相と結び付けたりして捉えている。

　しかし、私は、彼らに従って「エートス」を、「人間個人の倫理的性質」と解釈することに同意できない。その理由のひとつは、断片の典拠であるプルタルコスにおいては[43]、「ヌースが神である」というメナンドロスの主張と、「エートスが人間においてはダイモーンである」というヘラクレイトスの主張が並置されて引用されていることから、「ヌース」と「エートス」は、人間全体に共通していて、「神」との「対比」に耐えうるものであると考えるからである。さらに、もうひとつの理由は、この断片119を他の研究者たちが解釈したように、人間の倫理的道徳的な性格を叙述する諸断片として分類するよりも、むしろ、「神」の前における人間の矮小さを証明する根拠を示す断片であると考える方が、より自然であると考えるからである。

　いったい、なぜ人間が「グノーメー」を持ちえないのか、という根源的な問いかけに対してヘラクレイトスが与えた回答のひとつとして、この断片119は位置づけられるべきであると考える。人間全体に共通する「人間であること」が、「ダイモーンである」がゆえに、人間は誰も「グノーメー」には届かないのである。

　「ダイモーン」という言葉については、二通りの解釈が可能であるだろう。そのひとつは、人間の「生」に関連する個々の幸福や不幸を総合するものとして、「ダイモーン」を「個人に与えられた運命」とする解釈である[44]。この解釈は、「エートス」を、個人における倫理的道徳性と解釈する立場と合致するものである。「ダイモーン」を「運命」と解釈するならば、断片119は「意識しているといないとにかかわらず、私に生起してくる幸福や不幸は私の道徳的在り方に正確に対応しており、私はそれを引き受けねばならない」と意訳できるであろう。

しかし、人間は自己の運命を甘受することによって、生の期間中も死後も責任を負い続けるという考え方は、ギリシアに伝統的なものであると考えられ、「神」が持つ明晰さに対して、人間は自分の迷い、脆弱さ、識見の無さを嘆きながら彷徨するものとして捉えられた[45]。このように人間を捉えることは、先にも見たように、ヘラクレイトスの嫌悪するところであり、彼が最も強烈に批判したことであった。断片78において、「神」の「エートス」に対して人間の「エートス」が論じられていることから、「エートス」は、人間全体を包括する用語でなければない。断片78、119に、「エートス」という用語が共通して用いられていることから、「ダイモーン」が「個人の運命」を意味することも不適切であり、包括的意味を持つ用語であると考えられる。

　もうひとつの「ダイモーン」解釈の可能性は、それを「半神(demi-god)」として、すなわち、神的ではありながらも決して「神」ではないものとする解釈である。「ダイモーン」を「半神」と解釈したうえで、断片119を意訳するならば、「人間のエートスは半神、つまり、完全でもなく、かといって、不完全でもない存在である」となるであろう。「運命」と「半神」という「ダイモーン」の二つの意味は、ホメロスの中に両方とも散見される[46]。

　断片119解釈に際して、私は、「ダイモーン」を「半神」と訳する立場をとる。その根拠は、ひとつには、ホメロスやヘシオドスの思想の中に読み取ることができる人間観を、ヘラクレイトスが否定していたことであり、またひとつには、彼が展開する「知」探求の根底には、「神」に向かう「私」という、厳密な自己意識が不可欠であったと考えるからである。すなわち、人間は、肉体的条件からするならば、可死性という枠組を絶対に脱することができない。それにもかかわらず、人間は思惟の領域においては、「神」に近接する点から獣と等しい点にいたるまでの広大な範囲を活動しうる。そのような両面性を持った存在が、「私」に他ならないという自覚を梃子にすることによってのみ、「私」に許された最高「知」である「ソフィエー」に迫ることができると考えるからである。

第4章　ヘラクレイトスにおける人間の「知」

《神：人間：動物》という比例関係における中間者という本質、すなわち、「神でもなく、しかし、単なる動物でもない」という曖昧性を端的に意図するために、人間を「半神」的存在者として捉えたい。

本章においてこれまで述べてきたように、ヘラクレイトスは、人間を「ソフィエー」獲得から妨げている要因として、二つのことを提出していると考えた。ひとつは、「傲慢」や「欲望」といった要因であり、それは人間が個人的に自らの分際を踏み越えようとする点に発するものであった。また、もうひとつは、人間全体に共通して課せられている限界そのものであった。ヘラクレイトスが、このような二重の劣性にもかかわらず、「ソフィエー」に迫ることをわれわれに求めるときに、それぞれの劣性に対応するわれわれ内部の状況を精確に分析することが、不可欠の前提となると思われる。

次章において、人間のさまざまな愚行と、その直接原因を分析している断片を参照しながら、ヘラクレイトスの説く「プシューケー」について考察したい。「プシューケー」こそが、人間の内部にあって、自分の外側に客観的に存在している世界と直接的に呼応するものであると、ヘラクレイトスは考えていると思われるからである。

注1）断片（129）の真偽に関しては、研究者たちの間で見解が分れていたが、最近では、それを真作とみなす主張が多く見られる。その立場を採る研究者は、カーク（Kirk, *HCF*. p.390.）、クランツ（Kranz, *VS*. p.181.n.）、カーン（Kahn, *AThH*. p.113.）、ガスリー（Guthrie, HGP. p.417.n.1.）、マルコヴィッチ（Marcovich, *H*. p.68.）等である。私は、συγγραφαί をピュタゴラスの著作であるとする彼らの主張に、にわかには同意し難い。しかし、ヘラクレイトスが行った人間批判を考察するうえで、ピュタゴラスと「博識」の関連について、ひとつの示唆を与えうる証言であると考え、他の断片と共に本文中に引用する。
2）Diog. Laert., 9.19.
3）L.S.J., p.842.
4）Kahn, A New Look at Heraclitus. *APQ*.1 (1964) p.200.

ここでカーンは、複数形で表現される「神々」という言葉に、世界が生成消滅する過程における構成要素という意味を、単数形で表現される「神」という言葉に、「火」にたとえられ、「戦争と平和」(断片　67.) に等しいとされる「原理」という意味をみている。

5) Kirk, Heraclitus and Death in Battle. *AJP*. 70 (1949) pp.389-392. 彼の主張は、「火」と「プシューケー」の同一視に基づいている。彼は「プシューケー」の死を、「火」から「水」への物理的変化と捉えるがゆえに「総量 (the amount)」という表現を用いている。しかし、他の研究者たちからの批判にも見られるように、この断片における人間の物理的死に関するカークの解釈は、強引でありいささか性急すぎると考えられる。
　　　cf. Wheelwright, *Heraclitus*. p.80.

6) ヘラクレイトスが、オリンポスに住む「神々」に代表される伝統的宗教に対して、新しい宗教の潮流を見聞していたことは疑いないと思われる。断片96において、ヘラクレイトスが屍体の投棄について語っていること、また、ディオゲネス・ラエルティオス (9.9-10.) が伝えている、彼の宇宙生成に関する叙述の中に、東方ゾロアスター教との類似点を見い出すことができるからである。さらに、断片14において用いられている「秘儀に入った人々」「バッカスの徒」、断片15における性器崇拝についての叙述は、オルフェウス教を暗示しているものと考えることができる。
　　　cf. M.L.West, *Early Greek Philosophy and the Orient*. pp.165f.

7) cf. Kahn, *AThH*. pp.208-09.

8) Diog. Laert., 2.8-13.

9) Kahn, ibid. p.173.

10) Kirk, *HCF*. p.181.

11) Kirk, ibid. p.166.

12) Kirk, ibid. p.183.

13) Marcovich, ibid. p.482.
　　Gigon, *UzH*. p.137.

14) 第2章注12) 参照。

15) W.Smith, *Dictionary of Greek and Roman Biography and Mythology*. p.362.
　　　ここで、ヘカタイオスは、神話的伝統の中に歴史的事実を検証しようと試みたが、その方法として、ホメロス等に依存したために、寓話と真実とを混同してしまったとされている。

16) クセノファネス断片 3＝DK. 21 B3.

第4章 ヘラクレイトスにおける人間の「知」

「彼らは僭主の支配を受けなかったとき、リュディア人たちから無益な贅沢を学び、……」

17) K.Freeman, *Companion to the Pre-Socratic Philosophers*. p.96.
18) Freeman, ibid. p.95. さらに彼女は、"The God of Xenophanes, then, is made up of these two ingredients: the intellectual concept of a deity stripped of obviously human qualities, and the thinker's desire of greater intellectual power and freedom from wanderings."とも述べて、クセノファネスの中に，新しい「神」の欲求を認めている。
19) Snell, *Die Entdeckung des Geistes*. p.169.
20) Arist., *Met*. A5. 986b21.
21) DK. 12 A11＝Hippolytus. *Refutatio Omnium Haeresium*, I. 6.
    DK. 21 A33＝Hippolytus. *Refutatio Omnium Haeresium*, I. 14.
    両者を比較してみるならば、ヒュポリュトスがアナクシマンドロスのト・アペイロンと、クセノファネスの「神」を説明するために、同じ用語を使用していることが分かる。
    cf. W.Wurkert, *Greek Religion*. Eng. trans. by J.Raffan. p.308.
22) Kirk, ibid. p.392.
23) Kirk, ibid. p.392.
    Diels＝Kranz, *VS*. p.159.
24) Marcovich, ibid. p.445.
    Kahn, ibid. p.270.
    Robinson, *Heraclitus*. p.102.
    Bollack＝Wismann, *HS*. p.138.
    Gigon, ibid. p.139.
25) この立場をとる研究者は、ディールス＝クランツ(Diels＝Kranz, ibid. p.160.)、マルコヴィッチ (Marcovich, ibid. p.447.)、ボラック＝ウィズマン (Bollack＝Wismann, ibid. p.154.)、ダイヒグレーバー (K. Deichgräber, *Philologus*. 93 (1938) p.14.)、ロビンソン (Robinson, ibid. p.30.)、ラインハルト (Reinhardt, *Parmenides*. p.62. n.1.)、ギゴン (Gigon, ibid. p.143.) である。
26) この立場をとる研究者は、カーク (Kirk, ibid. p.386.)、カーン (Kahn, ibid. p.54.) である。この立場には ἥκη というイオニア方言形ではなく、ἥπη を読むウィールライト (Wheelwright, ibid. p.155.) も加えることができるであろう。本文に取り挙げた二つの読み以外には、ἥ を読むバイウォーター (Bywater, ibid. p.8.) の立場がある。しかし、最近の研究におい

ては、彼らの読みは採られていないがゆえに、本文においては、「二つの立場」という表現を用いた。
27) 能動相$κυβερνῆσαι$を採る研究者は、ボラック＝ウィズマン (Bollack=Wismann, ibid. p.154.)、カーン (Kahn, ibid. p.54.)、マルコヴィッチ (Marcovich, ibid. p.447.)、ラインハルト (Reinhardt, ibid. p.62. n.1.) である。

　　能動相を読む根拠として、マルコヴィッチは、「古写本学的に$κυβερνᾶται$はありえない」という消極的主張を展開している。しかし、私は、消去法による論拠では消極的であると考えるために、彼の根拠に同意し難い。本文において述べるように。断片41を、宇宙論的性格を持つ断片のひとつに位置づけるにあたって、「知」における「万物を操る」主体という性格が強調されるためには、能動相で読む必要があると考える。
28) 受動相$κυβερνᾶται$を採る研究者は、バイウォーター (Bywater, ibid. p.8.)、ダイヒグレーバー (Deichgräber, ibid. p.14.)、ギゴン (Gigon, ibid. p.143.)、カーク (Kirk, ibid. p.386.)、ウィールライト (Wheelwright, ibid. p.155.) である。
29) Kirk, ibid. p.387f.
30) Marcovich, ibid. p.451.
31) Bollack=Wismann, ibid. pp.312-13.

　　彼らは、Stobaeus, *Florilegium*. I. 178における読みに関して、$σοφίη$の後に句点を置くことを試みている。この句読法に従うならば、$ἀρετή$と$σοφίη$が共に、$σωφρονεῖν$の補語になる。

　　cf. Kahn, ibid. p.120.
32) マルコヴィッチは、この断片43における$ὕβρις$に関して、「($δῆμος$という言葉によっていわれる)「暴力的大衆行為」という政治的意味を持つのであって、「横柄さとか淫らさというような個人的行為」という意味を持たない」 (Marcovich, ibid. p.532.) と論じている。彼が論拠として挙げている Euripides, *Orestes*. 696f の箇所は、メネラオスが、下層民の力が結集した場合には、その力は猛火に等しいと、侮蔑的に町の人々について語る場面である。私は、この箇所における用語の一致をもって、ヘラクレイトスの ($ὕβρις$) に「大衆行動」の意味を解釈することは早計であると考え、それは人間の内的衝動のひとつであるという解釈に立って論を進める。
33) 本文に引用しないが、断片110も欲望の禁止に関連していると考えられる。

第4章　ヘラクレイトスにおける人間の「知」

断片　110．「人間にとって自らが望むものをすべて得ることは、より善いことではない。」

(ἀνθρώποις γίνεσθαι ὁκόσα θέλουσιν οὐκ ἄμεινον.)

　断片85におけると同様に、θέλουσιν という動詞が用いられており、ἄμεινον という倫理的価値を強調する形容詞の比較級が用いられている。人間にとって、自分が望むものを遍く獲得することが不可能であることは、自明のことである。それにもかかわらず、欲望は、人間の持つ根源悪のひとつに数えられるのである。

34) L.S.J., p.810. s.v., 2.1.
35) Fränkel, *Wege und Formen frühgriechischen Denkens*. p.258.
    Fränkel, A Thought Pattern in Heraclitus. *AJP*. 59 (1938) p.314.
36) Marcovich, ibid. p.488.
37) Kahn, ibid. pp.321-322. n.212.
38) 断片23．この断片における「それらのもの（ταῦτα）」という言葉が何を意図しているかに関して、研究者たちの解釈が分かれている。そのひとつは、カークに代表されるように、ταῦτα を「法」と解釈する立場である（Kirk, ibid. p.125.）。ひとつは、マルコヴィッチに代表されるように、それを「悪行、不正義」と解釈する立場である（Marcovich, ibid. p.229.）。前者は、カークが「法の助けなくしては正義を認識できないことに対する人間批判である」と語るように、ταῦτα（断片114、44）に対して積極的な評価を下そうとするものである。それに対して、後者は、断片の内容を「対立の一致」という観点から捉えて解釈するものである。

　私は本文に補足的に訳出したように、後者の立場をとる。それは、ταῦτα という複数形が個々の不正なる行為を総括的に表現していると考えるからである。さらに、カークが上の発言に関連づけて提出した断片114、44においては、「法」を護るための戦いが、「正義」とされているのであり、この断片23において語られる「正義」の前提としての ταῦτα を、「法」と解釈することは，困難であると考えるからである。

　ταῦτα 解釈に関しては、カーンが説くように、それを「法を破る行為」と解釈しようとする折衷的な立場もある。カーンは断片102、23の注釈において、「正義を犯すことは世界の規矩を犯すことに他ならず、人間は罰せられることによって、法の正義と、そのような人間の法を支えている神の法を知ることになる」（Kahn, ibid. pp.183-185.）と述べている。

39) ἦθος の訳出に関しては、ほとんどの研究者も「本性」と訳出している。

Kahn, ibid. pp.172-173.
Marcovich, ibid. pp.477-479.
Gigon, ibid. p.135.
Kirk=Raven, *PP*. p.193.

　ここでカーンは、ἦθος を human nature と訳出しながらも、注釈において、それが「習慣的行為のパターンと、それに対応する精神状態を示す」としている。私は、この注釈には同意できない。ἦθος は、変容の可能性を持つ習慣的行為という意味を払拭し、人間にとって共通であり、「神」との「対比」に耐えうるものを意図している、と考えるからである。

40) L.S.J., p.766.
41) Marcovich, ibid. p.478.
42) Kahn, ibid. p.260.
　　cf. Kirk=Raven, ibid. p.214.
43) Plutarchus, *Quaest Platonicae*. 999DE.
44) Freeman, *Companion to the Pre-Socratic Philosophers*. p.125.
　　Kahn, ibid. pp.260-261. ここで、カーンは、「ダイモーン」の訳語として 'fate' を挙げながらも、論を進める中で、「ダイモーンを「神」ないし「神格」と捉えるならば、断片の意味は一層豊かになる」と述べて、「ダイモーン」に「神」の意味を否定しない。
　　Kirk=Raven, ibid. p.214.
　　Marcovich, ibid. p.502f.: *RE*. p.310.
　　Robinson, ibid. pp.159-160.
45) ホメロスの世界において、神に蹂躙される人間たちの姿や、ヘシオドスが謳った「神々」の前での、彼自身の謙虚さを思い出せばよいであろう。
46)「運命」の用例。*Il*. 1.222, 3.420, 7.377.
　　「半神」の用例。*Il*. 8.166. *Od*. 5.396.

第5章

人間の「プシューケー」

第1節　人間の行動様式に対応する「プシューケー」の位相

(1) 日常的な「プシューケー」

断片　107．「バルバロスなプシューケーを持っているならば、人間たちにとって眼や耳は悪しき証人である。」
（κακοὶ μάρτυρες ἀνθρώποισιν ὀφθαλμοὶ καὶ ὦτα βαρβάρους ψυχὰς ἐχόντων.）

断片　117．「大人は酔っている場合には、成熟していない子供によって、つまづきながら導かれる。（その人の）プシューケーが湿っているがゆえに、どこに向かっているかを理解せずに。」
（ἀνὴρ ὁκόταν μεθυσθῇ, ἄγεται ὑπὸ παιδὸς ἀνήβου σφαλλόμενος, οὐκ ἐπαΐων ὅκη βαίνει, ὑγρὴν τὴν ψυχὴν ἔχων.）

断片　77a．「プシューケーにとって……湿ったものになることは、喜ばしいことあるいは死である。」
（ψυχῇσι τέρψιν ἢ θάνατον ὑγρῇσι γενέσθαι.）

断片　85．前出（第4章第4節）

　これらの諸断片は、無自覚な状態にある人間、すなわち、変転して止むことのない日常的事柄の中に埋没している、人間の「プシューケー」の状態について叙述している。それは、いわば、《日常的状態にあるプシューケ

ー》についての叙述である。

　断片107における「バルバロスなプシューケーを持つこと」に関して、「バルバロス」という形容詞は、本来、「ギリシア語以外の言語を話す」[1]という意味を持つ。けれども、「バルバロス」という形容詞が「プシューケー」について用いられている場合には、「プシューケー」がすべての人間に共通するものである以上、単に非ギリシア人であることを意味するのではなく、ギリシア人についても妥当する意味を持たねばならないであろう。ヘラクレイトスの「ロゴス」を理解することは、決して人種の相違に基づくものではない。したがって、「言語の真の意味を把握理解しない」、または、「（ヘラクレイトスの意図する）ロゴスを認識できない」という意味に従来解釈されてきた。

　この意味から、「人々（οἱ πολλοἱ）」の通常の状態が、「バルバロスなプシューケーを持つこと」であるといえるであろう。それは、後述するような、ヘラクレイトスが意図した理想的な「プシューケー」の在り方からは、はるかに遠い地点にあるといえる。そして、このような「バルバロスなプシューケー」を持った人間の行動は、断片１において、「私が、それぞれを本性に従って分けながら、そして、それ（それぞれのもの）がいかにあるのかを語りながら、提出する言葉も行為も、彼らは試みながらも、経験がないかのようである」と述べられ、断片97において「見知らぬものに向かって吠える犬」と喩えられている。そのような行動は、日常的経験的領域に存する知識が判断を下せないような、未知なるものに対する皮相的理解、あるいは、忌避や危惧といった行動を通して現れる。

　ヘラクレイトスが冷静に眺めている「人々」の世界においては、経験の範囲の広狭の程度がそのまま知識の寡多に対応するのであり、大多数の人々にとっての一般的「知」は、量的に斟酌されるものであった。そして、ヘラクレイトスは量的に多なる知識を、「ソフィエー」にいたる前提として許容しながらも（断片53）、それが単なる「博識」（断片40）に留まることを批判していた。いかに多方面に亘って知識を増加させたとしても、知識の

第5章 人間の「プシューケー」

内容が事実認識に終始する限り、人間は完全な無知の状態にあるに等しい。このように、自己の外側へのみ知識の対象を求める段階においては、「プシューケー」は本性上「バルバロス」なものといえるのである。

けれども、「バルバロスなプシューケー」の在り方が、無反省に反復されることによって成立している「人々」の日常性からするならば、「バルバロスなプシューケー」を持つことは、無自覚無反省であるゆえに、彼らにとっては、何ら恥ずべきことではない。「人々」の在り方からするならば、そのような在り方こそが自分たちの日常性の基礎となっているからである。

それでは、「バルバロスなプシューケー」においては、「プシューケー」はどのような状態で存在しているのであろうか。次節において詳論する断片36は、「上り道下り道」という円環的変化を蒙る「プシューケー」を叙述している。人間が肉や骨格、腱といった土的要素と、血液や体液といった水的要素から成立していることからするならば、「人々」が保持する「プシューケー」の通常状態である「バルバロス」とは、土的なものと水的なものとが混在している状態であると推定できる。「バルバロスなプシューケー」とは、ロビンソン（T.M.Robinson）が指摘したように[2]、「湿気を含んだ（damp）プシューケー」であると考えられるであろう。

「バルバロス」な状態にある「プシューケー」は、自然にあるがままの、言い換えれば、生まれたままの人間存在の在り方に他ならない。それゆえに、ヘラクレイトスの視点からするならば、「人々」の行動は批判の対象となるにしても、われわれは、そして、ヘラクレイトス自身すらも、それを引き受けざるをえないものであると思われる。しかし、人間は非難に値するような、自発的恣意的な行動をとることもある。われわれは、そのような行為に及ぶときの「プシューケー」の状態を、「最下位にあるプシューケー」として規定できるであろう。そのような「プシューケー」を実証する断片が、断片117、77a、85である。

断片117においてヘラクレイトスは、酩酊した大人が子供に導かれる姿の描出を通して、通常は比較の対象にすらならないはずのより劣った対象よ

りも、一過的にではあるにせよ、さらに劣悪な状況を人間が呈する事実を示している。このような醜悪な行為は、日常的道徳や倫理的価値規範の自発的放棄に他ならず、ほとんど動物と変わらないともいえる行動である。

「どこへ向かっているかを理解せずに」という言い回しによって、通常の能力が欠損することが示されるとともに、日常的在り方から逸脱した「酩酊」という状態は、感覚能力も理性的判断も人間から喪失させ、人間にとって自然的に許容された行動様式の領域から人間を放逐してしまう。このような状況が、経験的日常に依拠している「人々」の立場からしても、異端視され嘲笑の的となるのは当然のことである[3]。しかし、「酩酊」を例示しながら、ヘラクレイトスがこの断片において主張しようとしたことは、愚昧な個人を指摘することではなく、なぜそのような様態が生起するのかという根拠を提示することであったと考える。

ヘラクレイトスは、上記のような批判の根拠として、「湿ったプシューケーを持つこと」を挙げている。断片36における「プシューケー」の「下り道」の中で、「プシューケー」にとっての「死」である水への変化こそが、日常性からの意図的逸脱の原因であることを説くために、「プシューケー」が日常的に許容された状態にあるとき以上に、より湿気を帯びた例として、肉体的な「酩酊」状態が示されたと考えられる。「湿ったプシューケーを持つこと」と、「バルバロスなプシューケーを持つこと」とは明確に区別され、前者はあくまでも個人の責任において非難を受けるべき事柄である。同様に分詞句でありながら、「プシューケー」が単数と複数に使い分けられていることも、このことを意味していると考えられる[4]。言い換えれば、「神」に面する際の人間の絶対的劣性の根拠が「バルバロスなプシューケーを持つこと」であり、また、時に動物に近似してしまう根拠が「湿ったプシューケーを持つこと」であるともいえるであろう。

それでは、「人々」においてすら、劣悪で恥ずべきことであると判断することが容易に可能であるにもかかわらず、なぜ、ある個人は酩酊を自発的に選択するのであろうか。

第5章　人間の「プシューケー」

　その回答は、簡潔な表現によって「プシューケー」と湿気との関係を語る、断片77aに用いられた言葉「喜ばしきこと＝快（τέρψις）」にあると考えられる。「湿ったものになること」は、「プシューケー」にとって「快」なのである。さらに、「快、または、死」という形で、「快」と「死」が並置されていることから、ヘラクレイトスにおいては、「快」が逆接的に「死」と同等視されていると推論できる。
　「死」という用語は、普通、肉体的なそれを示すわけであるが、酩酊状態にある個人は、日常性を、つまり、「生」を逸脱しているがゆえに、もはや、その個人的「プシューケー」は一種の「死」の状態に近接しているいえる。「酩酊」時において、記憶が欠落したり論理が反復したりすることを念頭に置いてみるならば、「プシューケー」にとって重要な能力である「思惟すること」（断片113）が不可能となってしまうからである。いわば「生」の中に「死」が入り込んで来るのである。それにもかかわらず、しばしば人間は、自分の「プシューケー」を「湿ったものにすること」を、自らの意志によって選択してしまう。「プシューケー」の本質が肉体や血液といった土的、水的要素に圧倒されるのである。
　第4章第4節において、「知」を妨げる要因を論ずる断片として提示した断片85は、肉体や感覚にとって、「欲望」を惹起させる過度の湿化に対抗することが、「人々」にとって「困難である」ことを認めたうえで、一時的な「欲望」に耽溺することが、結果としていかに「プシューケー」を破壊することになるのかを説く。
　しかし、断片85に用いられた「欲望」は「快」とは異なる。「欲望」は、感情の起伏の振幅が日常的範囲を超えてしまった人間の心的様態であった。断片85における「欲望と戦うこと」という句節は、カーンが指摘したように[5]、ホメロスの『イリアス』9、678に見られるイリアスの激怒を、ヘラクレイトスがほのめかしていると考えてよいと思われる。大きく動揺することによって、ひとつの対象に対峙した「プシューケー」は、一種の高揚状態、あるいは、盲目状態に陥るのである。そして、そのような際には、「プ

シューケー」は一時的にではあれ、自己破壊してしまう。「欲望」に捉えられることによって、人は無自覚のままに「プシューケー」を瓦解させてしまう。

「プシューケーを犠牲にする」とは、「欲望」という目前に存する一過的対象に拘泥することによって、「プシューケー」が損なわれるということを意味するに留まらない。そのことは、「プシューケー」が本来の状態を低下させることを示している。極言するならば、それは、欲望や激情に翻弄される度に、知らず知らずのうちに、人間であることの尊厳をすら投げ捨ててゆく人間の姿は、一時的歓心を購うために「プシューケー」を毀損してしまうという悲惨なものである。ヘラクレイトスは、人間が頻繁にそのような行動を選び取ることに対して、警鐘を鳴らしているといえる。

また、「知」を妨げるものとして、ヘラクレイトスは断片43において「傲慢」を例示していた。自分自身の能力の限界を明確に把握することをなおざりにしたまま、感性的対象に対応することは、「プシューケー」においては、「欲望」に捉えられているのと同様の状態であり、したがって、「傲慢」は、大火を消す早さよりも早急に消火されるべき炎であった。

「欲望」にしても「傲慢」にしても、「人々」の中の一個人が捉えられるものである。しかし、ヘラクレイトスは、「人々」すべての中にそれらを見い出していたのであり、ヘラクレイトスにとって、人々は「どこに行くのかも分からずに」（断片117）没個性のままに彷徨するに等しいのである。

さて、日常的経験の範囲における「プシューケー」は、程度の差こそあれ、幾分かは湿気を帯びたものであった。ヘラクレイトスの視座からするならば、日常的状態に留まっている「プシューケー」は、決して水平以上の高さに向かうことはない。「人々」は、一過的にではあれ、自己喪失の淵にまで堕落してしまう可能的危険性を孕んでいる。しかし、無自覚のままに日常性という大海に飲み込まれているがゆえに、一種の安寧さに浸っているといえる。したがって、「人々」は、自己変革の必然的要請に突き動かされることもないままに、いわば、「死」を「生」きているのである。

第5章　人間の「プシューケー」

(2) 深化する「プシューケー」

> **断片　45**．「たとえ、すべての道をとって行くにしても、人はプシューケーの限界を発見しないであろう。そのように深いロゴスを、それ（プシューケー）は持っている。」
> 　　（ψυχῆς πείρατα ἰὼν οὐκ ἂν ἐξεύροιο, πᾶσαν ἐπιπορευόμενος ὁδόν· οὕτω βαθὺν λόγον ἔχει.）
> **断片　115**．「プシューケーには、自己を成長させるロゴスがある。」
> 　　（ψυχῆς ἐστι λόγος ἑαυτὸν αὔξων.）

「人々」が持っている日常的な「プシューケー」に対して、上記の二つの断片において語られる「プシューケー」は、深化する「プシューケー」であると位置づけられるであろう。

ヘラクレイトスは、まず断片45において、「プシューケーの限界を人は発見できないであろう」と語ることによって、「人々」に向かって「プシューケー」の無限性を開示する。「限界」という用語は、ホメロスにおいては、距離的な平面的限界を意味していると考えられる[6]。この断片の「限界」という用語に、ホメロス的意味を読み込むならば、「プシューケーの限界が発見できない」ということは、どのように解釈されるであろうか。

先に示したような、感覚的経験の領域に意識を捉えられ、量的知識の寡多に応じた「生」を生きるという「人々」の在り方にとって、量的経験の範囲ですら無限の広大さを持っているということを、「プシューケーの限界を発見しないであろう」という句節は示していると推察する。たとえ、生涯に亘って知識を増加させることができたにしても、必ず、人間には未知なる事柄が残るのである。さらに、「すべての道をとって行くにしても」という、譲歩を意味する分詞句が付加されることによって、「知」探求の広漠さが強調されるのである。

しかし、この断片45の後半部における、「そのように深いロゴスをそれ（プシューケー）は持っている」という叙述によって、これまで述べてきたホメ

ロス的な広がりという「限界」の解釈は、一挙に「深み」という位相へと転換してしまう。スネルが示したように[7]、ヘラクレイトスはこの断片において、人間の「プシューケー」の「深み」という視点を哲学史上最初に提示した。「深い（βαϑύν）」という形容詞の使用は奇異な印象を与えるために、そこに一層強烈なヘラクレイトスの意図を読み取らねばならない。

それでは、「深いロゴスを持つ」とは、人間にとっていかなる状態を示しているのであろうか。また、そもそも「深いロゴス」とはいかなる定義を受けるものなのであろうか。

「ロゴス」は、人間に等しく与えられた「思惟する」（断片113）能力である。そのような能力が「深い」と形容されることから、「十分に思惟すること＝叡知」（断片112）が、「深いロゴス」と等置されるであろう。したがって、「プシューケーが深いロゴスを持つ」とは、「叡知」によって、人間が「ソフィエー」を目指すことに他ならないと推定する。

断片115においては、「プシューケー」の「ロゴス」は自己成長すると語られている。ヘラクレイトスのように、経験的認識の段階から脱した人間の「プシューケー」は、知識の対象として選択した対象が、あくまでも「知」全体から見ると、そのほんの一部にしかすぎないことを自覚していたと思われる。「ロゴス」自身の成長とは、人間が「ソフィエー」に近づくことであり、それは、「プシューケー」が漸次深化することに他ならないであろう。

その具体的内容は、「対立の一致」に関する多くの断片が語るような、世界の背後に厳然として存在している「ロゴス」を、「プシューケー」が思惟する対象として把握することであり、言い換えれば、「自ら隠れることを好むピュシス」（断片123）の姿を，現実の多様性の中に見抜くことである。さらに、先に述べた日常的な「プシューケー」と関連づけるならば、われわれは、「プシューケー」の自己成長の出発点を、許容された湿気の領域にありながらも、流転する仮象が持っている魅力から離脱する点に置くことができるであろう。

第5章　人間の「プシューケー」

　ヘラクレイトスにおいては、「広さ」は必ずしも「深さ」を伴わないが、逆に、「深さ」は必然的に「広さ」を伴うと考えられる。「私」の「プシューケー」は、単に《水平方向》へ同心円的に拡大するばかりでなく、《垂直方向》へも増大せねばならないのである。それはすなわち、自己の内部に沈潜することであり、「プシューケー」自体の在り方に気を配ることである。

　しかし、断片85に語られていた「戦いの困難さ」を思い出すならば、「欲望」や「傲慢」という誘惑から身を振り離すことは、人間にとって非常に困難なことであった。「プシューケー」が断片36に展開される円環的変化の中で本来的な状態を保つことは、繰り返して述べられたように、日常的経験の中を流されている限りにおいては困難なことなのである。いわんや、堕落した、つまり、反本性的な在り方に留まっている「プシューケー」にとっては、標準的な状態を回復することすら難しいことである。

　日常的な状態にある「プシューケー」の在り方を、望ましい方向へと深化させること、あるいは、上昇させることは、ヘラクレイトスの立場からするならば、「人々」にとっては、ほとんど不可能なことであるといえるかもしれない。なぜならば、深化に向かう状態を堅持することは、ある時点における自分の「プシューケー」の段階を明確に意識することによって、はじめて可能となるからである。そして、「プシューケー」を反省的に眺めることを可能にするためには、現在の自分の「プシューケー」が立っている位置を、理想あるいは目標とする地点、すなわち、「ソフィエー」の高みと比較することが前提となるであろう。

　ヘラクレイトスは、このように自分の「プシューケー」を把握することを「自己探求」という言葉によって語ったと考えられる。断片45における「深いロゴスを持つ」とは、事物の深みに隠された本質を見抜くにふさわしいだけの「深み」を「プシューケー」が持つこと、あるいは、事物の深層にまで貫徹する冷徹な眼差しを、自覚的に意識して用いるということであると私は考える。それでは、流転する現象の背後に見い出される人間の「プ

シューケー」とは、どのようなものであろうか。

第2節 「プシューケー」と「火」との類似

　アリストテレスは『霊魂論』A2、405 a25において、彼に先行する哲学者たちの「プシューケー」観に言及する際に、ヘラクレイトスの「プシューケー」については、「それがアルケーであり、最も非物体的なもの（$ἀσώματον$）である」と述べている。さらに、『形而上学』A3、984 a7においては、「ヘラクレイトスが火をアルケーとした」とも述べている。アリストテレスは、「アルケー」という用語を媒介として、「火」と「プシューケー」を連結しているのである。このことから、ヘラクレイトスが「火」と「プシューケー」を同一視していた、とアリストテレスは解釈したと推論できるであろう。

　しかし、われわれは、はたしてヘラクレイトス自身の思想において、それらが同等視されていたのかという点に関しては、なんら確証を持たない。

　『霊魂論』の上記の箇所において、アリストテレスは、八名の哲学者たちの「プシューケー」について、運動という側面から特質を論じている。その中で、彼はヘラクレイトスの「プシューケー」を「火」であるとしているのであって、その理由は、「常に流れている」ものである「火」を、運動を理解するのに適しているとヘラクレイトスがみなしたと考えたからである。これはアリストテレス自身のヘラクレイトス理解に基づいたものといえる。しかし、われわれは、アリストテレスの証言に慎重に対応すべきであると思われる。なぜならば、現存しているヘラクレイトスの断片中に、たとえば、「プシューケーは火である」というような叙述は見られないからである。

　それでは、ヘラクレイトスは、人間の「プシューケー」を、いかなるものとして捉えていたのであろうか。彼の断片中で $ψυχή$ という言葉を含む

第5章　人間の「プシューケー」

ものは、わずか11にすぎない。しかも、それらの断片の中には、そこに叙述される内容が、宇宙論を語るものとして分類される諸断片の内容に酷似していると考えられるものがいくつかある。ヘラクレイトスは、「プシューケー」を「火」と同じものであるとは直接語っていないにしても、両者の間に、彼が類似性を見ていたことは、十分に推論されうるのである。

断片　31a.　前出（第1章第1節）
断片　31b.　前出（第1章第1節）
断片　36.　「プシューケーにとって水となることは死であり、水にとって土となることは死である。しかるに、土から水が生じ、水からプシューケーが（生ずる）。」
　　　　（ψυχῇσιν θανατος ὕδωρ γενέσθαι, ὕδατι δὲ θανατος γῆν γενέσθαι· ἐκ γῆς δὲ ὕδωρ γίνεται, ἐξ ὕδατος δὲ ψυχή.）

　従来のヘラクレイトス研究の中において、ヘラクレイトスの「プシューケー」が「火」であると解釈する研究者は、ローデ（E.Rohde）、カークに代表される人々である。

　ローデは『プシュケー』において、世界の多様性の根源としての絶対的生命の創造的エネルギーである「プシューケー」を、「神」に似た火的本性に見て、両者を同等視した[8]。そして、「プシューケーは変化ということを考慮に入れる限りでは、決して、それ自体では留まりえない実体である」[9]として、生きている「火」からのエネルギー（＝火）の再補充を考えた。

　このようなローデの立場を徹底して、宇宙論との関連を強く前面に出しながら、ヘラクレイトスの「プシューケー」を解釈したものが、カークの解釈である。彼は、「断片36におけるプシューケーは、宇宙論的火の位置に置かれたもの」[10]であり、断片31における「火の転化」と、断片36における「プシューケーにとっての死」という語句を並置することによって、「プシューケーは火を比喩的に表現したものである」[11]と主張した。さらに、カークは、別の論文においても、突然訪れる死が「プシューケー」にとってい

かに最良のものであるかについて論じたうえで、「ヘラクレイトスが、プシューケーを火で作られているとか、火のひとつの形であると考えていたと演繹することは、極端すぎることはない」[12]と結論している。

しかし、結局、アリストテレスの証言に沿った解釈に対しては、いくつかの異なった解釈が提出されてきた。

まず、マルコヴィッチは、「ヘラクレイトスは、ミクロコスムの中に、マクロコスムにおいて展開している気象学的諸過程にできるだけ近似した形で、生理学的諸過程を持ち込もうとした」[13]のであり、「断片36と断片31の類似性を認めるならば、断片36は、生きている人間の組織内部における普通の不断の定まった生理学的諸過程に関与していることになる」[14]と述べることによって、「プシューケー」を「火」と同一視する解釈に反論した。これは、「プシューケー」を生理学的医学的に解釈するギゴンの立場[15]を引き継いだものである。

また、マルコヴィッチは、カークの主張の根拠になっている、断片31における「火」の転化と、断片36における「プシューケーの死」の並置に関しても、「$\vartheta\alpha\nu\alpha\tau o\varsigma$ という用語は、$\gamma\varepsilon\nu\varepsilon\sigma\vartheta\alpha\iota$ が「生」を意図するという点で、対立の一致という観点から特に用いられた」ものであるとした[16]。

「プシューケー」と「火」との類似性をめぐる議論とは立場の異なるこのような研究の系譜に、私は注目する。それは、カーンやロビンソンが提唱する、「プシューケー」を「空気」として解釈しようとする立場である。

カーンは、アナクシメネスからアポロニアのディオゲネスまでの「プシューケー」概念が、水から発生した一種の大気的蒸気、あるいは、呼吸に類似した大気的実体であるとしたうえで、「断片31における火と水の相互変換は、ある種の蒸気、具体的には、蒸発と降水を意味し、プシューケーは四元素の中の空気の位置を占める」[17]と論じた。そして、カーンは、「断片36におけるプシューケーは、断片31におけるプレーステールに相当する」[18]として、「火」とではなく、「プレーステール」との間に、「プシューケー」との類似を見ている点も、ヘラクレイトスの「プシューケー」に関する斬

第5章 人間の「プシューケー」

新な解釈であると思われる。

ロビンソンの見解は、このようなカーンの主張を踏襲していると考えることができる。ロビンソンは、「プシューケー」は「空気」であるという基本的解釈に加えて、ヘラクレイトスの思想へのピュタゴラス学派の影響を大きく認め、人間の「プシューケー」に四段階の優劣を区別した。すなわち、最下位の「プシューケー」を damp air、次位を dry-clear air、次善位を aether、最上位を pure-fire として解釈した[19]。

さて、このような、ヘラクレイトスの「プシューケー」に関する従来の研究成果を踏まえたうえで、私も断片31に代表される宇宙論と、断片36等に叙述されている「プシューケー」についての叙述との類似性に着目して「プシューケー」を考察したい。しかし、何人かの研究者たちに見られるような、イオニア自然学の系譜に共通して特徴的な、物質的なアルケー観を一挙に捨て去らないで、質料的あるいは物質的な性質を「プシューケー」の中に読み取ることができる、という視点を私は維持したい。

断片 117． 前出（第5章第1節）
断片 118[20]．「乾いたプシューケーが、最も賢く最善である。」
　　　　　($αὔη\ ψυχή,\ σοφωτάτη\ καὶ\ ἀρίστη.$)

「プシューケー」という概念について論ずるための手がかりを、私は、アリストテレスの『霊魂論』A2、405 a26に用いられている「蒸発物（$ἀναθυμίασις$）」という言葉に求めたいと思う。なるほど、「蒸発物」という言葉自体は、アリストテレスが用いた用語であって、ヘラクレイトスの断片中にそのままの形では見られない。しかし、「蒸発物」という用語が意味していると考えられる現象についての叙述を、ヘラクレイトスの断片中に見出すことは可能である。なぜならば、「プシューケー」を水から発生した一種の大気的蒸気である、あるいは呼吸に似た大気的実体であると考える伝統的な「プシューケー」観にとっては、それは重要な用語であり、ヘ

137

ラクレイトスもそのような伝統的観点の中にあると考えられるからである。事実、断片12において、ヘラクレイトスは、「……プシューケーも湿ったものから蒸散する」と述べているからである。

　第１章第１節において取り挙げた断片31aの叙述に、「蒸発物」を適用するならば、それは、「下り道」において「海」の半分が「土」へ、「海」の残り半分が「プレーステール」へ「転化」することを意味するとともに、その逆方向の「転化」も意味すると推定する。海面や地表からの蒸散や降雨等ばかりでなく、前者は、河川や海岸線、島の上昇と沈下をも意味すると考えてよいであろう。

　ところで、アリストテレスは、「蒸発物」を乾湿二種類に分類している[21]。第１章第１節に取り挙げた断片31aに展開するいわゆる宇宙論において、乾湿二種類の「蒸発物」について、ディオゲネス・ラエルティオスは、「彼（ヘラクレイトス）は、万物のほとんどを海からの蒸散に帰している。……蒸散は海からと同様に土からも生ずる。しかるに、海からのものは明るくて清らかであり、土からのものは暗い。……火は明るい蒸散によって養われるが、湿った要素は他のものにより（養われる）。……明るい蒸散が集まり炎となる。それが星辰である」[22]と伝えている。海と土の双方から生起する「蒸発物」は、天体現象を構成するばかりでなく、それらを維持する役割を負っていると考えられ、この意味からするならば、「蒸発物」は、宇宙の恒常性を保証する質料的要因であるといえるであろう。

　断片31aにおいて、「海」から「土」と「プレーステール」へという二方向への「転化」のうちで、前者、すなわち、「海」と「土」との間の相互変化は遅速で長時間的なものであり、さらに、受動的な変化であると特徴づけられるであろう。先に述べたような、河川や海岸線の変更、島の隆起や沈降等を想起してみれば、このことは理解できるであろう。それに対して、後者、すなわち、「海」と「プレーステール」との間の相互変化は、前者と比較するならば、はるかに迅速で激しいものであり、能動的で破壊的な変化であるといえるであろう。断片31aにおける海からの二方向への「転化」

第 5 章　人間の「プシューケー」

には、われわれが具体的に眼にすることが可能であるような、自然現象を対応させて考えることができるのである。

　断片31aに展開されている「火の転化」のうちで、「海」と「プレーステール」間の相互変化の速さと激しさ、そして、一日毎の更新性が、日常的状態にある「プシューケー」の刻々の変化と対応する、と私は推定する。「火」と「プシューケー」の類似性を、より明確な形で眺めるために、断片31aと断片36に述べられている内容を図式化してみたい[23]。

図1-a（断片31a）

図1-b（断片31a）

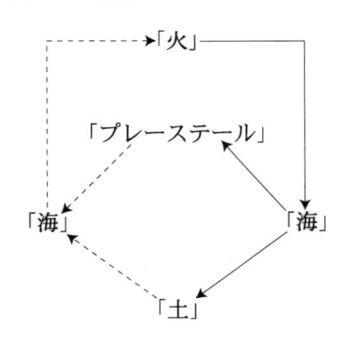

図2（断片36）

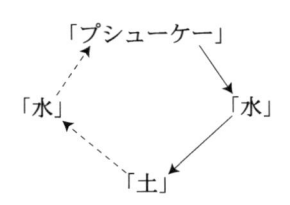

　図1-aにおいて、「海」から「プレーステール」への「下り道」が、上に述べた過激な「蒸発物」を意味する。それは、図2における「水」からの「プシューケー」の発生に対応するであろう。円環的変化を示す断片36にお

いて、「水からプシューケーが生ずる」という箇所に、われわれは、生命と湿気との相関性に関して、伝統的に承認されていたと考えられる叙述を見ることができる。それは、アエティオスが伝える「アナクシマンドロスは、最初の生命が湿気の中に生じたと言った」（5. 19、4.）という叙述や、クセノファネス断片33「万物は土と水から生じた」を思い出してみればよい。生命は本来的に「湿」という側面を持つ。

　では、図1-aと図1-bにおいて、「海」と「土」との間の相互変化は、長期的で緩慢なものであったが、図2に示された「水」と「土」との間の変化も同様であるとみなされるであろうか。この問に対して回答するために、断片117、118に用いられている、「湿った」「乾いた」という、直接「プシューケー」を修飾する形容詞について考察する。

　前節において断片117を検討した際に、湿っていることは、決して「プシューケー」自体にとっては批判されるべきことではなかった。「プシューケー」自体は「水」から生ずるとされているのであり、人間の内部には、血液をはじめとする水的なものが事実存在しているからである。しかし、断片117に描かれた、「泥酔した大人」の姿は決して肯定されえない。「ソフィエー」へ向かう能力である「プシューケー」が毀損するからである。「泥酔した大人」の姿についての記述の中に、われわれは、「プシューケー」に許容される日常的「湿」の範囲を、自分の意志によって積極的に逸脱したことに対するヘラクレイトスの怒りを読み取ることができた。さらに、断片77においては、過度の湿化は「プシューケー」にとって「快」ではあるが、日常的様態からの逸脱という意味において「死」に等しいとされた。

　断片118においては、このような湿気を帯びた「プシューケー」に、「最も賢い」「最善」という二つの最上級が冠せられている。それは、「乾いている」という、望ましい方向へと自身の性質を変化させた「プシューケー」を賞賛するものである。しかし、はたして、これら二つの最上級によって賞賛される「プシューケー」は、人間にとって可能であるだろうか。「最も賢い」も「最善」も、従来の用法においては、人間に対してではなく、「神」

第5章　人間の「プシューケー」

に対して冠せられることから、ヘラクレイトスは「乾いたプシューケー」を「神」と同一視していると推定する。断片78において、「神」と人間について、「神のみがグノーメーを持ちうる」と述べられていることから、「乾いたプシューケー」は人間の「プシューケー」が目指すべき状態ではあるが、完全に実現することはできないと解釈される。

　さて、宇宙論において、「海」と「土」との間の相互変化が長時間的なものであったのと同様に、図2における「水」と「土」との間の相互変化も長時間的なものであると類推される。人間においては、その変化は日常的感覚によっては捉えにくいような、徐々に肉体的死へと向かう老化という変化を意味する。人間の加齢に応じて生じる、記憶、思考力の減退などのさまざまな現象も、「プシューケー」が、その能力を徐々に喪失してゆくために起こるのである。つまり、「プシューケー」が自らの本性的在り方から離れたものへと、長期に亘って自己崩壊してゆくことを示している。

　このような長期的で緩慢な変化に対して、「海」と「プレーステール」との間の変化は、急激で破壊的ですらあると述べた。「プシューケー」と「水」との相互変化について考える場合にも、泥酔や激怒などを例に挙げれば、その間での変化が、先のものに比べて短期的なものであると判断できる。

　また、宇宙論において、太陽を含む星辰や昼夜の交代といった現象が、「海」と「プレーステール」との間の「蒸発物」によって説明されていたことからするならば、「プシューケー」と「水」との相互変化の中には、交互に繰り返される覚醒と睡眠によって日毎に更新される、「生」と「死」の交代も意図されていると推論できる。この推論は、第2章第2節に示した二つの図による、宇宙論的側面からの考察によって成立する。断片31aと断片36の内容を、図式を用いて類比的に考察することによって、生誕から死去へと移行してゆく長期的変化とともに、一日という単位によって区切られる短期的変化をも、「プシューケー」の変化の中に読み取ることができる。

　以上のように、宇宙論との関連から「プシューケー」を論じてきたが、ここでヘラクレイトスは、いったい「プシューケー」自体をどのようなも

のとして捉えていたのかを、改めて問いたい。

　宇宙論との連関から「プシューケー」を解析する方法を適切とみなす以上、私は、物質的あるいは質料的な性質規定を無視することはできない。ヘラクレイトスの「プシューケー」の質料的側面を強調することは、「それは、最も非物体的なものである」というアリストテレスの証言に反することになるかもしれない。しかし、「肉体」に対置した、最も非物体的なものとして、人間の「プシューケー」を措定するならば、アリストテレスの証言に拘束されることなく、「プシューケー」に質料的規定を与えることは可能であるだろう。また、アリストテレス自身が「火」とみなした「蒸発物」そのものが、質料的に解釈されることから、「蒸発物」としての「プシューケー」も、やはり質料的に解釈されるべきであろう。

　実際に、この「プシューケー」の質料的解釈を、ヘラクレイトスの断片中に探るならば、本節で取り上げる断片117、118に用いられている「プシューケー」は、「湿った」「乾いた」という形容詞が冠せられる主体であるから、質料的側面を持つと推定できる。

　「プシューケー」を質料的なものとして解釈することによって、人間の中に、水的要素と土的要素、それらに加えて「プシューケー」という、質料的要素をみることができることになる。私は、「土は肉体や骨格を、水は血液や体液を含意しており、断片36は、人間の本性的三区分を、すなわち、土と水とプシューケーを説くものである」という、ギゴンが唱え[24)]マルコヴィッチも受け入れている解釈を、妥当なものであると考える。

　最近では、ヌスバウム（M.C.Nussbaum）にみられるように[25)]、「プシューケー」を知的エネルギー、言語理解能力の中心座として捉えようとする解釈も見られる。しかし、ヌスバウムによる「プシューケー」の解釈に立つ限りでは、断片117、118において用いられている、「湿った」「乾いた」という対立的意味を持った一組の形容詞の意味も、単に前者が「プシューケー」の能力喪失を、後者が能力の完全な発揮を比喩的に意味するに留まってしまうであろう。私は、それらの形容詞が、次節に述べる「思惟する

第 5 章　人間の「プシューケー」

こと」と、「叡知」を通して人間にとっての「ソフィエー」を目指すという二つの能力に関連すると考える[26]点においては、ヌスバウムの解釈を否定しない。しかし、私は、「思惟」や「叡知」の主体としての「プシューケー」の質料的側面を考える。

　多くの研究者たちが、宇宙論との類比に立って、人間の「プシューケー」を「火」と同等視してきたことは、本節の最初に述べた。しかし、私はその解釈に同意できない。なぜならば、断片12、117において用いられている「湿った」、断片118における「乾いた」という形容詞を、「火」という名詞に冠することは困難であると考えるためである。「火」に対しては、断片126において用いられているような、「暖かい」「冷たい」という形容詞の方がより適切であると思われる。

　人間を構成する素材として、土的要素、水的要素、そして、「プシューケー」を並置して考える場合、「火」との同一視を拒否することから、「プシューケー」は四元素のうちの残りのもの、すなわち、「空気的なもの」と推定する。この点に関しては、ギゴン、カーク、ロビンソンも類似した見解を示している[27]。

　「空気 ($ἀήρ$)」という用語を含むヘラクレイトスの断片は、現存断片中において、断片76[28]のみである。私は、この断片に関して、三つの異なる出典の中における用語の不一致から、三つの出典中の読みを、すべて原文の意訳ではないかと推測している。それは、各出典に共通にみられる $ϑάνατος$ の対応語が、それぞれの出典において、$ζῆ$、$γένεσις$、$γενέσϑαι$ というように異なっているからである。断片76が偽作であるならば、ヘラクレイトスの「プシューケー」についての質料的性質を、真作断片中に残っていない「空気的なもの」と考えることは、無謀であるかもしれない。

　しかし、私は、以下のような三つの根拠に立って、ヘラクレイトスの「プシューケー」についての質料的規定を「空気的なもの」であると解釈する。

　第一に、「乾湿」のみならず「暖冷」という性質規定をも受け入れること

ができること。
第二に、宇宙論との関連において論じたように、「水」からの「蒸発物」に依拠し、「水」との間での急激な相互変化を受け入れることができること。
第三に、人間の自己覚醒の程度に相即して、下位から上位の位相に亘って、堕落したり上昇したりするような一種の広がりを持ちうること。

　ロビンソンは、ヘラクレイトスの「プシューケー」を「空気」であると解釈し、それを、さらに質的相違に従って四段階に区別して、その段階的区分に人間と「神」を対応させている。すなわち、彼は、最下位の damp air に対して the majority を、次位の dry-clear air に対して the heroic few を、最上位の pure-fire に the star-gods を対応させ、「プシューケー」の等級づけを行っているのである[29]。彼による「プシューケー」の解釈に従うならば、「湿」から「乾」へと大きくその性質を変化させる、一人の人間の「プシューケー」を、人間全体の等級という固定的尺度によって説明することになるであろう。
　人間の「プシューケー」は、ロビンソンが論じたように、人間全体の「プシューケー」として捉える側面ばかりでなく、一人の人間における「プシューケー」として捉えられる側面も持っていると私は考える。ある時には動物に、またある時には「神」に近似する行為や言説をなす一個の人間の「プシューケー」を、ヘラクレイトスは、断片36と宇宙論との類似を通して、いわば、ミクロコスモスとマクロコスモスとの対比を通して説いたと考えるからである。断片118においては、「プシューケー」に対して、「最も賢い」「最善」という二つの形容詞が、最上級で用いられていた。このことは、一人の人間の「プシューケー」が到達しうる最高の性状を表している。ヘラクレイトスは、このような性状にある「プシューケー」を、質料的意味を持つ用語によって叙述していないと思われる。敢えて、その言葉を探

第5章　人間の「プシューケー」

すならば、空気の中で最も純粋であり、「火」に最も近似する「アイテール」という用語が想定されるであろう。

　宇宙を構成するひとつの要素としての「アイテール」を、われわれはヘラクレイトスの同時代人であるエンペドクレスの断片中に、明確に見い出すことができる[30]。エンペドクレス以前の資料においては、「アイテール」と「アエール」の区分は非常に曖昧である。オルフェウスやムーサイオスに見られるような、「神」という意味に解釈される「アイテール」[31]から、物質的要素という側面が分離してくる時代を、エンペドクレスやヘラクレイトスが活躍した紀元前五世紀と考えることが許されるであろう。ヘラクレイトスの断片中には、「アイテール」という用語はまったく残されていないが、ヘラクレイトスが「アイテール」を想定していたという可能性は、時代的にも否定されるものではないであろう[32]。

　さて、「プシューケー」を、質料的に「空気的なもの」と規定した後に残された課題は、断片36に見られる「生」「死」という用語と、「プシューケーの乾湿」との関連を考察することである。断片36において、「プシューケーの死」は「水となること」、「プシューケーの生」は「水でなくなること」と述べられている。「水となること」とは「プシューケーが湿ること」と同義であり、それは断片117における「酩酊」状態の記述によって例示されていた。断片118は、乾いた「プシューケー」の価値について示していた。したがって、断片117、118は、「プシューケー」の物理的状態に加えて、倫理的、知的状態を同時に叙述している。このことから、「プシューケー」において、二つの異なる側面が相互に厳密に関連しているということが分かる。

　断片36における「プシューケー」＝「水」＝「土」という相互変化は、「プシューケー」の変化と宇宙論的変化が、類似した構図によって捉えられることから、《定量性》に貫かれた変化であると推論できる。それは、断片31において、「まったく同じ割合で」と語られていた《定量性》である。「酩酊」状態にあるような、恣意に流された人間が、宇宙全体の法則を無視したり歪曲したりすることは、日常的様態からの積極的な逸脱という意味で、

145

「プシューケー」にとっては、最も忌避されねばならないことであった。この意味において、「酩酊」状態は、悪という判断を受ける。それでは、悪＝「プシューケーが湿ること」＝「水となること」＝「死」という等式において、われわれは、「プシューケーの死」という困難な表現をどのように解釈すべきであろうか。

　「対立の一致」について論じた際にすでに述べたように、生きている限りにおいては、人間は、自分の「死」を実体験として経験しえない。ヘラクレイトスが語るさまざまな対立の中で、「生と死」の一致に関しては、人間はそれを可逆的一致という視点からは説明しえない。われわれの日常的「生」は、誕生と死去を両極とする線分上の一点にすぎず、不可逆的に「死」の方向へと進行する。「酩酊」等によって、この一定の進行を歪曲すること、それが「プシューケーの死」であることから、「プシューケーの死」とは、肉体的な「死」の方向への変化の割合を破壊することであるといえるであろう。

　しかし、「プシューケー」が変化の割合から逸脱するといっても、私は、カークによる「プシューケーの死」についての解釈に同意するものではない。彼は、「死」を「水」への物質的変化と考えていることに加えて、「もし死の瞬間に水の総量が火の総量を超えるならば、全体としての「プシューケー」は、水への変化という「死」を蒙るのである。しかし、もし「プシューケー」が顕著に乾いているならば、その場合には、水になるという「死」を免れ、火という世界の魂に結合するからである」[33]と論じ、さらに、別の箇所においても、「プシューケー」が火への十全な還帰を成し遂げるためには、人間の死にとって突然であることが必須であり、このゆえに、戦場において訪れる突然の死が尊ばれるとも論じている[34]。

　「死」という用語は、カークのいうように、具体的な身体的「死」を意図しているというよりも、変化の主体である人間の生命活動の本質が劣悪なる変質を蒙ることを意図していると、私は考える。その変質は、「乾湿」という性質を表現する形容詞によって最も顕著に説明されている。「プシュー

第5章　人間の「プシューケー」

ケー」の「乾湿」は、人間の感覚知覚とも密接に関連していると思われる。「プシューケー」＝「水」という変化は、「生」にとって不可避であり、それは、「プシューケー」の能力喪失という点で、人間にとっての「死」に他ならない。「酩酊」時における感覚の麻痺、思考の論理性欠如は、「プシューケー」の能力が停止した状態であるといえる。

　このように、「酩酊」という、異常な状態にある「プシューケー」の能力に基礎を置く認識は、不正なものである。しかし、「プシューケー」が一過的危機状態に陥っていない場合にも、人間の判断は誤ってしまう。それは、「プシューケー」が劣った性状にあるためと考えられる。本来的に「生」の在り方そのものが個別的である人間が、普遍に関与してそれを認識することは不可能であるだろう。ヘラクレイトスは、人間にとってこのような認識の不可能性を自覚したうえで、大多数の人々に対する冷徹な批判の背後に、それでも人間が「自己探求」の途に赴くことを説いていると推定する。次節において、ヘラクレイトスの語る「自己探求」について考察したい。ヘラクレイトスは、「自己探求」という方法を通して、「プシューケー」の能力発揮に相当する、人間の認識の深まりについてわれわれに語っていると思われるからである。

第3節　ヘラクレイトスにおける「自己探求」の意味

　ヘラクレイトスの断片中において、「プシューケー」は「記憶・注意力」（断片69）、「知性」（断片107）、「知性・判断力」（断片117、118）、「感覚知覚」（断片7、98）「思惟すること」（断片113）、「生命力」（断片85）「十分に思惟すること＝叡知」（断片112）という諸能力を保持しているとされた[35]。私は、これらの能力のうちで、自己の外側に向かうものを感覚能力、それに対して、自己の内側に向かうものを思惟能力として便宜上二分して考えたい。

　感覚能力として考えられるものは、「記憶・注意力」「感覚知覚」である。

これらの能力は受動的なものであるともいえるであろう。ところで、不断に変化し続けている可視的な世界の反復性と恒常性は、ヘラクレイトスにとって《定量性》という概念によって保証されるものであった。《定量性》は「ロゴス」であり、さらにそれは「共通なるもの」として規定され、万物はそれから逸脱できないものであった。当然、人間もそのような「ロゴス」の支配を受けているのであり、「プシューケー」も同様であると類推した。

　人間にとって、「ソフィエー」は、まず、「ロゴスを聞くこと」（断片50）に端緒を持っていた。しかし、そのことは、人間にとって決して容易なことではなかった。「ロゴス」からの逸脱が、人間にとって直接的な身体的「快」として反映するからであり、「プシューケーを犠牲にして」（断片85）までもそれに耽ろうとする性向が人間内部に存するからであった。言い換えれば、人間における「プシューケー」は、自らの質料的本質から離れる方向を、つまり、「プシューケー」における変化の二方向のうちで、「水」へと向かう変化をより強く欲するのである。

　「プシューケー」が本質的状態にあり続けることの困難さと、その能力が脆弱であることとは同じことである。「酩酊」時における感覚の麻痺や、睡眠時における感官の一時的停止を考慮に入れてみるならば、「プシューケー」の感覚能力は、身体的条件にすら隷属する受動的な能力にすぎないであろう。

　それに対して、「思惟すること（φρονεῖν）」は個々の「プシューケー」に「共通しており」（断片113）、さらに、その能力を「十全に用いること＝叡知（σωφρονεῖν）」によって、人間の「プシューケー」は、人間にとっての最高知である「ソフィエー」の域に到達する可能性を持つ。その場合、「プシューケー」は、質料的本質である「空気的なもの」の最高の状態、つまり、「アイテール」の状態にあると推論される。では、いったい、どのような方法によって「プシューケー」は「ソフィエー」に接近するのであろうか。

　ヘラクレイトスは、断片101において、「自己探求」の宣言を行った。わ

第5章 人間の「プシューケー」

ずか単語二つより成る断片101を先の問に対する回答として、提出できるであろう。さらに、「自己探求」という方法による、人間における自己の内部への深化が、そのまま宇宙論的真理発見への途に他ならないことを示すことができるならば、われわれはヘラクレイトス哲学における宇宙論的叙述と、人間、あるいは「プシューケー」に関する叙述とを、ひとつの共通な視点において捉えることになるであろう。

断片 101.「私は私自身を探求した。」
（ἐδιζησάμην ἐμεωυτόν.）

この断片は、ヘラクレイトスが、自ら「ソフィエー」を獲得したということを公言するものである。そしてこの発言は、ほとんどの研究者たちによって、近代的意味における自己探求、あるいは、自己内深化、内的対話の結果として解釈され、そのような自己探求の後に展開されるヘラクレイトスの「ロゴス」論の前段階として、不可欠のものであったとされている。「プシューケー」の持つ思惟能力の吟味によって、「プシューケー」が、自身の本質と宇宙全体の本質との等価性を認識する前提として、「自己探求」を捉えるのである。

さらに、ἐδιζησάμην という動詞を、「探求した」という完了の意味から一歩を進めて、「探求し終わり、そして知った」という結果の意味に解釈するならば、断片全体は、周知の格言「汝自身を知れ（γνῶθι σεαυτόν）」に対するヘラクレイトスの返答である、と考えることもできるであろう。

人々が、無批判なままに受け入れている格言に対して自分なりの回答を与えることは、格言についての一般的解釈に安易に妥協することではなくて、自分の生き方に直結した思索を展開することに他ならないであろう。「自己探求」を厳粛に宣言したときに、ヘラクレイトスは一般の人々から完全に異なって、人間と宇宙全体に関する把握を終えていたのである。「汝自身を知れ」という格言の伝統的解釈について、付言しておきたい。

デルフィのアポロン神殿の玄関柱上部に刻印されていたと伝えられる「汝自身を知れ（γνῶϑι σεαυτόν）」という格言は、ディオゲネス・ラエルティオスによれば、ミレトスのタレスのものとされている[36]。しかし、他の出典に依るならば、作者としてスパルタのキロンの名や[37]、七賢人と呼ばれた人々の名前が共同で挙げられており[38]、作者が誰であるか定まらない。有名な格言にもかかわらず、古代においてすでに作者が特定されていないということは、格言が独り歩きしていることになる[39]。

　一般に、この格言は、「分限をわきまえよ」とか「身の程を知れ」「思慮深くあれ」というように、人間の内部に存する傲慢さや虚栄心を諫めるものであると解釈されてきた。それは、デルフィにおける神託の名声と共に、単にギリシア世界の内部にのみ留まらずその外側の世界においても、日常生活の中に深く溶け込んでいた格言である。紀元前五世紀になり、ソクラテスがこの格言によって触発され、「無知の知」を通して「魂の世話」を説くにいたった過程は、プラトンが『弁明』の中に描き出すとおりである。

　「汝自身を知れ」という格言は、すでに記したように、「身の程を知れ」という意味で、人間が自分の分限を分きまえて常態から逸脱せぬように命ずるものであった。この格言を、賢人たちが、あたかも神々の代弁者であるかのように、凡人たちに対して命じたものであるとするならば正直、節制、穏和、勤勉等の徳を重んじ、大きな変革を願わずに、ほとんどの場合において、現状の体制を認める立場をとったとされる彼らの生き方に、「汝自身を知れ」という格言の意味内容も合致する。自分に課せられた拘束や限界の内部において、慎ましく消極的に生きることを、彼らは善きことであるとしたのである[40]。

　また、この格言を、神々からの警告として解釈するならば、そのような警告が発せられた背景として、神々に迫りかけ、神々に等しい力や尊厳を手に入れようとする人間の傲慢に対したものであると考えることができる。それは、神々に対する畏怖と憧憬から発した素朴なものであったに違いないが、社会状況の変化と相まって[41]、人間がいったん、自分の外側にある伝

第5章 人間の「プシューケー」

統的「神々」を目標としたときに、その接近が速くて力強かったために、神々が警告を発するにいたったと推測する。

このような二つの解釈について考えてみるならば、それは、「汝自身を知れ」という格言全体の中で、「知れ」を受動的に解釈するものであるといえるであろう。そして、この解釈に立つ限りにおいては、格言の意味は伝統的慣習的教訓の域を出ない。

しかし、自己の有限性に関する認識にいたるためには、必ずしも、神々と「私」との間の相違を確認することが要求されるわけではないと思われる。行為の結果としての挫折感や精神的絶望といった状況下においても、人間は自分の無力さを痛感するからである。格言が「身の程を知れ」と語る時に、格言を受け入れる際の衝撃は、命じられた人間の側においては、一方的屈辱感や精神的敗北に等しいものであってはならない、と私は考える。

さまざまな学説誌家たちの証言に従うならば、この格言は、賢人であれ神官であれ、人間が作ったものである。

それでは、断片101の叙述を、この格言に対する回答とみなす場合、その解釈は、どのようなものとなるであろうか。ヘラクレイトスは、「汝自身を知れ」という格言を、自己の有限性を決して終着点として見なすことなく、また、有限な領域の内部を一層堅固なものにすることに留まらず、有限であることこそを踏み切り板にして、無限なるものへと視野を拡大してゆくことこそを要求するものであると解釈したのではないであろうか。「汝自身を知れ」という格言の「知れ」の中に、ヘラクレイトスは、人間の在り方が「死」を免れることのできないものである以上、有限性をまさに限界として甘受するのではなく、ファランドス（G. D. Farandos）も述べているように[42]、「自己探求」を通して有限の中に無限との接点を見ようとする積極的姿勢を、人間に要求しているという解釈が成立するであろう[43]。「知る」という行為に積極的な意味を附加したとき、格言全体は人間にとって新しい側面を見せるのである。ヘラクレイトスの「自己探求」は、このような

行為の完了宣言であったと解釈できるであろう。

　ヘラクレイトスが人間たちに希求したことは、彼自身におけると同様、人々が「ロゴス」認知の立脚点を持つことであり、「ソフィエー」を志向することであり、「プシューケー」の質料的性質を乾いた状態に保つことである。これらは、さまざまに叙述されるにしても、すべて、有限な人間が自分の限界をある意味で超克して、無限なるものへと迫りかけようとすることであるといえるであろう。

　ヘラクレイトスは、断片41、78において、「グノーメー（$\gnome$）」に言及するとともに、いくつかの断片において、$\gnome$ の派生語を用いている。「汝自身を知れ」という格言の中にも、$\gignosko$ が用いられていることから、ヘラクレイトスにおけるこの語の用法を考察したい。

　断片　5． 前出（第4章第2節）
　断片　57． 前出（第4章第1節）
　断片　97．「犬は知らない人々に対して吠える。」
　　　（$\kunes\ gar\ kai\ bauzousin\ hon\ an\ me\ ginoskosi.$）
　断片　28a．「最も評価を受けている人ですら、思われることのみを知っていて、主張するのである。」
　　　（$dokeonta\ gar\ ho\ dokimotatos\ ginoskei,\ phulassei.$）
　断片　108．「その言葉を私が聞いた人々の中で、誰も、知が万物から切り離れたものであることを知るにいたっていない。」
　　　（$hokoson\ logous\ ekousa,\ oudeis\ aphikneitai\ es\ touto,\ hoste\ ginoskein\ hoti\ sophon\ esti\ panton\ kechorismenon.$）
　断片　116．「すべての人々は、自分自身を、十分に思慮することを分かち持っている。」
　　　（$anthropoisi\ pasi\ metesti\ ginoskein\ heoutous\ kai\ sophronein.$）

　断片を併置してみるならば、まず、$gignosko$ が、否定的文章の中で多く用いられていることに気づくであろう。「知らない」という述語に対して、「一般の人々」（断片 5）「博識の人ヘシオドス」（断片57）「犬」（断片97）というように、多彩な主語が対応している。「知らない」、すなわち、無知

第5章　人間の「プシューケー」

という状況下においては、主語がいかなるものであれ、それらは等しく「知る」地点から遠いということが示されている。さらに、「行為自体の無意味さや愚かさに気づかない」(断片5)「対立関係の解消を覚知しない」(断片57)「未経験な対象に対して、判断を下すことができない」(断片97)というように、自分の狭量な経験的世界の中に留まって、視野を未知なるものに向けようとしない行為が、「知らない」行為に相当していることが分かる。

断片5、57、97において、$\gamma\iota\gamma\nu\omega\sigma\kappa\omega$ が否定辞とともに用いられているのに対して、断片28a、108においては、その言葉は「知る」という肯定的文脈の中で捉えられている。しかし、断片28aにおける $\gamma\iota\gamma\nu\omega\sigma\kappa\omega$ の内容は、一人称単数による恣意的な判断の余地を残しているであろう。「思われる（$\delta o\kappa\acute{\epsilon}\omega$）」とは、死すべき者が、刹那的に自分を利する方向へ速断することであるとみなされ、それは、「隠された真理」を逸しないように耳を傾ける態度とは相入れない。

断片108において、ヘラクレイトスは自分の経験を語る。多くの人々が、真理の媒介者たらんとして語る話の内容について聞いてみたけれど、その話は隠された秘密を開示してくれるものではなく、すでに、自分自身が到達した位相よりもはるかに低いものであったとヘラクレイトスは嘆息する。この断片における「……すべての人々の中で、誰一人として……知るにいたっていない」という発言は、意訳するならば、「他の誰でもないこの私は知った」という意味であり、それは、断片101においてなされた、「自己探求」の完了宣言と同意であると考えられる。

それでは、人間が「自己探求」を深めるということは、ヘラクレイトスにおいて、いかなることを意味していたのであろう。また、それは、「プシューケー」の在り方と、いかなる関連を持っているのであろうか。これまで述べてきた内容に基づいて推論するならば、以下のように論ずることが可能であろう[44]。

《自己探求の第1段階》人間の日常的「生」は、多様なる表れ方をする事

物を、あるがままに認識するということで成立している。この段階での「生」は、眼前に現われる対立関係のそれぞれの極に捉えられ、それぞれについて「知る」という行為に終始するものである。ヘラクレイトスにとって、このような「生」は、動物の「生」と近接しているがゆえに、まさに批判の対象となるものであった。しかし、人間にとって、ある対象についての受動的認識に留まることは仕方のないことである。なぜならば、認識能力を支える「プシューケー」の性状が、すでに、「プシューケー」自体にとって劣性な要因に他ならない、「湿気」を帯びた「空気」であると考えられるからである。

《自己探求の第2段階》「対立関係の一致」に覚醒する段階の「生」がある。この段階の「プシューケー」は、対立関係の各々の極を繋ぐ連続性や、そこに共通する要素を見抜くことになる。この時点で、「プシューケー」は、「ソフィエー」を目指す第一歩を踏み出した、より「乾いた空気」である。

《自己探求の第3段階》「対立関係の一致」を認識することによって、感覚知覚に依拠した、それまでの認識判断の相対性を確信した段階の「生」がある。この段階の「プシューケー」は、「思惟する」対象を、自己の外なる個物から内なる「共通なるもの」へと転換させている。この時点で「プシューケー」は、先の段階におけるよりも一層「乾いた空気」である。

《自己探求の第4段階》ここにいたった「生」は、「可視的な対立関係」の背後にある「不可視なるハールモニエー」を、完全に見抜いている。この「不可視なるハールモニエー」は、世界の永続性と恒常性を支持する「ロゴス」である。この段階の「プシューケー」は、「思惟すること」からさらに進んで、「十分に思惟すること＝叡知」を実現している。この時点で、「プシューケー」は、「火」に近接する「最も乾いた空気」、つまり、「アイテール」である。

第5章　人間の「プシューケー」

このように、人間の「プシューケー」は、「自己探求」によって「ロゴス」認識の可能性を持つといえる[45]。しかし、断片78において、「人間のエートスはグノーメーを持たない。しかし、神のそれは持つ」、断片119において、「人間において、エートスはダイモーンである」と述べられている。したがって、「自己探求」の最終段階において、人間の「プシューケー」が「ロゴス」認識を内容とする「ソフィエー」にいたったとしても、人間が「ロゴス」に気づくことしかできないのに対して、「神」は「ロゴス」を持つという点で、人間の「ソフィエー」は、「神」の「ト・ソフォン」とは根本的に相違していると推論できる。それでは、ヘラクレイトスにおける人間の「プシューケー」の段階的深化と、宇宙論的構図との関連に触れておきたい。

第1章において述べたように、「コスモス」は、「火」から発し「火」に戻るという、ひとつの円環的変化において捉えられた。この構図は、本章第2節に取り挙げたように、「乾湿」を原因とする「プシューケー」の変質と類似していた。さらに、宇宙論的変化の中にあって、「コスモス」の「定量性」を支える原理である ratio としての「ロゴス」と、人間の「プシューケー」が「自己探求」により目指す「ソフィエー」の内容である「ロゴス」とは、同一のものであると推定された。これらのことから、ヘラクレイトスは、「プシューケー」を論ずるにあたって、宇宙論的構図を「プシューケー」に適用していると考えられる。ヘラクレイトスは、質料的側面と原理性という側面において、「コスモス」と「プシューケー」を同等視していたと考えられる。

さて、「プシューケー」の質料的性質の変化と、人間の自己認識の深化が密接に相関しているという結論を引き出したわけであるが、ヘラクレイトスが辿り着いた最高の状態である「乾いたプシューケー」は、近代的意味における自己認識や《内的自我》という解釈に耐えうるものであろうか。

ヘラクレイトスはスネルが指摘したように、西洋哲学史の中で始めて、人間の魂の垂直方向への展開可能性を認識しえた哲学者である。「プシューケー」という言葉が本来持っていた《生命力》という意味は、たとえば、

155

肯定的には運動や成長の中に、否定的には病気や老い、死の中に顕現している。これらの経験的現象の中には、可視的であるという共通性格を見ることができるであろう[46]。この意味に加えて、ヘラクレイトスの「プシューケー」が《内的自我》という意味を担うことができるとするならば、それは思惟、責任、判断、自由といった概念で解釈される余地を持たねばならないであろう。そして、自我である以上、内省という本来的機能を備えていなければならない。さらに、内省はある程度、知識の増加と言葉の豊かさを前提していると考えねばならないであろう。

では、ヘラクレイトスの現存諸断片中に、人間の魂についての《生命力》と《内的自我》という二側面を見い出すことができるであろうか。可能である場合には、特に、後者に関連すると考えられる彼の叙述を吟味することによって、ソクラテスにおいて結実したとされる《内的自我》の確立を、ヘラクレイトスの「プシューケー」解釈の中に置くことができることになるであろう。本章第1節(2)において引用した、断片115と45について再吟味してみたい。

まず断片115に見られる、「プシューケー」が自身を成長させる「ロゴス」を持つというヘラクレイトスの主張自体は、さまざまに解釈されうるであろうが、成長するという言葉に着目するならば、それは《生命力》としての主張であると見なされるであろう。$αὔξω$ という動詞の原義こそが、十分にこの主張を裏付けていると思われる。ロビンソンが指摘するように[47]、自身を成長させるといわれている「ロゴス」が「割合」を意味するものであると考えるならば、《生命力》としての「プシューケー」は、ある程度、身体的な成長と衰退に応じて退化するものである。では、成長する「ロゴス」を持つとされてる「プシューケー」自体は成長するのであろうか。「ロゴス」の成長が身体的なそれと一致するがゆえに、「ロゴス」の座としての「プシューケー」自体も成長すると推論されるわけであり、その成長については「プシューケー」の外的拡大であると表現することができるであろう。

第2章の注において引用した断片26において、ヘラクレイトスは夜間に

第5章　人間の「プシューケー」

おける視力の喪失を睡眠と関連づけていた。感覚器官と密接に相関する感覚能力の喪失は、ある意味では、生命力そのものの喪失に他ならないであろう。すると、《生命力》としての「プシューケー」の活動性は夜間には変化してしまうということになるであろう。言い換えるならば、日中に身体の活動と密接に関連している「プシューケー」のそれが、夜間には異質なものになるということである。生を完全に喪失した死体に、形態上で近似する睡眠中の生者が触れる、という断片の内容も、さまざまな難解さはあるにしても、《生命力》としての「プシューケー」の変質について叙述していると考えられるのである。

　「ロゴス」という言葉は断片45においても見られた。既に論じたように、この断片における「ロゴス」は、ヘラクレイトスに先行する思想家たちの中には決してみることができない「深い($\beta\alpha\vartheta\grave{\upsilon}\nu$)」という属性を与えられていた。すなわち、人間の「プシューケー」の持つ「ロゴス」は深みを持っているのであり、そのことは、断片中の用語とその用語が引き起こす意味上の効果によって確認される。まず、$\pi\varepsilon\acute{\iota}\rho\alpha\tau\alpha$ という用語に与えられた、ホメロスのそれとは全く異なる意味である。つまり、ホメロスの用語が水平方向での平面的限界について表現していたものとは全く異なる意味である。さらに、$\grave{\varepsilon}\pi\iota\pi o\rho\varepsilon\nu\acute{o}\mu\varepsilon\nu o\varsigma$ という動詞の「歩き回る」という意味も、ホメロス的なイメージを持っている。これら二つのホメロス的用語は、「深み」にヘラクレイトスが付与しようとした衝撃を強調するための、一種の疑似餌と言っていいであろう。人々の教養や常識として存したであろうホメロスに卑近な用語を敢えて用いることによって、水平方向への限界探求ですら、つまり、二次元的な探求ですら、「プシューケー」の限界の実測が不可能であることを示し、一挙にその探求を、垂直方向つまり三次元的なものに置換することによって、その難解さと不可測性を示しているわけである。

　これらの断片115と45からは、「プシューケー」の持つ「ロゴス」の自己成長性と深さのゆえに、その限界探求が無限界であることがわれわれに突きつけられた。より遠く辿れば辿るほど、私の前には成長する「ロゴス」

の残した平面が、より深く掘れば掘るほど、奥行きの知れない暗い淵が見い出されるのである。これは、人間にとっては、ある意味では悲劇そのものではなかろうか。しかし、断片45における「深い」という形容詞の使用から、われわれは人間の「プシューケー」が内的拡大を保証されたと考えていいであろう。

　さて、「プシューケー」が成長という観点では外的拡大を、探求という観点では内的拡大をともにその基本的性質とするときに、たとえば、断片40、56、57等でヘラクレイトスが行なった痛烈な他者批判も、それぞれの観点から再解釈されうることになる。批判の根拠となっていた「博識はノースを持つことを教えない」（断片40）とは、外的拡大という点からするならば、人間の知識が量的限界に到達しえないということであり、内的拡大という点からするならば、相互に分離した知識が構成する総体の大きさは、質的価値へ変換しないということである。なるほど、「プシューケー」が水平方向と垂直方向へ拡大する必要条件として、量的知識は前提とされているけれども、単なる集体としての博識は完全なる無知に等しいのである。

　それでは、両方向への「プシューケー」の拡大は、どのように接点を持ちうるのであろうか。言い換えれば、外的拡大と内的拡大は相互にどの点において置換されうるのであろうか。《生命力》という側面と内省という側面の結節点をヘラクレイトス哲学の中に述べることができるならば、ソクラテス以前の思想家たちの中で、彼を《内的自我》に覚醒した思想家として十分に位置づけることになるであろう。

　先に挙げた断片115と45に立ち返って考えてみたい。これらの断片を繋ぐ鍵は「ロゴス」という言葉である。どのように「ロゴス」は人間の「プシューケー」と結び付けられていたであろうか。断片115においては、「ロゴス」を「割合」と解釈した。この意味に「ロゴス」の原義である「言葉」や「叙述」という意味を加えてみるならば、人間の「プシューケー」の水平方向への拡大を垂直方向への拡大と関係づけることが可能となるであろう。言い換えれば、前提としての博識へと向かって知識を増加させ、かつ、

第 5 章　人間の「プシューケー」

　断片 2における「ロゴス」の共通性を認識するという手段によって、「言葉」あるいは「叙述」に一種の妥当性をわれわれは付与することが可能となるであろう[48]。そしてその時、「深いロゴス」とは、断片50においてヘラクレイトス自身が語っているような、「知（$\tau\grave{o}\ \sigma o\varphi\acute{o}\nu$）」についての代弁者としての役割を担いうるところまで、徐々にそれに接近してゆく人間の隠された能力と考えられることになる。それでは、「それほど深いロゴス」はどのように人間の「プシューケー」と結び付けられるのである。
　私は、ヘレクレイトスにおける人間の「プシューケー」を、宇宙論との関係において論じ、その質料的性質と自己探求という状況とが直接対応していると結論づけた。断片117において述べられた劣悪なる湿った「プシューケー」は、酩酊という状況の中で、《生命力》の喪失に留まらず、判断力の低下をも被っていた。「プシューケー」は湿ることによって、双方向の限界探求という在り方からは、最も対置の極に貶しめられるのである。それに対して、断片118においては、乾いた「プシューケー」に対して二つの最上級が並置され、その優性が保証されていた。それからするならば、人間の「プシューケー」が質料的性格の最高状態を実現した際には、同時に、両方向への限界へ向かう探求の端緒には少なくとも立ちえるような、自己認識の自覚を持った状態に人がある、といえるであろう。
　しかし、厳密に眺めてみるならば、これらの断片からは、判断力、世界認識、記憶の鮮明さといった内省や自己認識の内容をなすといえる事項が、限定された条件の下で「プシューケー」に保証されたにすぎないという点で、すなわち、ヘラクレイトスが説く人間の「プシューケー」は、物理的身体的状況の制約下にあるという点で、いまだソクラテスが説く《内的自我》とは異なっているといわねばならないかもしれない。ヘラクレイトスの「プシューケー」は、ソクラテスにおいて結実した人間の自己確立の先駆をなすものであるという意義はしかし、十分に与えられるものであろう。

注 1) L.S.J., p.306.
 2) Robinson, *Heraclitus*. p.105.
 3) 「酩酊」に関して、イングリッシュは、それを「自発的な理性放棄」と説明する。(R.English, Heraclitus and the Soul. *TPAPA*. 44(1913)p.173.)
 4) ヘラクレイトスの断片中において、「プシューケー（ψυχή）」という用語は、単数形においても複数形においても用いられている。カーン等の研究者たちは、複数形のψυχαί に人間一般という意味を、単数形のψυχή に、特に断片36との関連から、大地や水と同様に、自然の秩序を構成しているひとつの要素という意味を読み込もうとしている。(Kahn, *AThH*. p.238.)
　　しかし、私は、ウィールライトが主張した解釈に、すなわち、断片12、77、36の複数形は人間一般を、断片117の単数形は、ψυχή という用語を含む断片中で、唯一定冠詞を伴って用いられていることから、個人の「プシューケー」を意味しているという解釈に同意する。(Wheelwright, *Heraclitus*. pp.60-61.)
 5) Kahn, ibid. p.242.
 6) *Il*. 8.478, *Od*. 5.463, 11.13.
 7) Snell, *Die Entdeckung des Geistes*. p.26. ここで、スネルは、βαθύνの持つ意味に対置するものとして、ホメロスにおけるπολυ- という接頭語の頻出についても論じている。
 8) Rohde, *Psyche. Seelencult und Unsterblichkeitsglaube der Griechen*. II. p.145f.
 9) Rohde, ibid. p.146.
10) Kirk, *HCF*, pp.340-341.
11) Kirk, ibid. p.341.
12) Kirk, Heraclitus and Death in Battle. (Fr.24) *AJP*. 70 (1949) p.387.
13) Marcovich, *H*. p.363f.
14) Marcovich, ibid. p.364.
15) Gigon, *UzH*. p.99, 103.
16) Marcovich, ibid. p.361.
17) Kahn, ibid. p.239.
18) Kahn, ibid. p.239.
19) Robinson, Heraclitus on Soul. *The Monist*. 69 (1968) p.308.

第5章 人間の「プシューケー」

20) この断片の読みに関しては、さまざまな改竄が行われてきた。かつて ξηρή を取り入れた際に αὔη が αἰγή になったと考えられる。αἰγή を読むならば、断片は「乾いた光が、最も賢く最善である」と訳出されることになる。この読みは、プルタルコスが、αἰγή は「輝き」を意味していると考えて、賢いプシューケーは肉体という牢獄を突き破るとしたためである。しかし、プルタルコス自身においても Rom. c,28. においては、αὔτη と αὔη を、de Def. Orac. 41. においては、αὔτη を読むという混乱がみられる。学説誌家たちにあって、ポリュフィリウス (Polyphrius, Antr. Nymph. c,11.) は ξερή を、フィロン (Philon, ap. Eus. P.E. 8.14,67.) は οὗ γῆ ξερή を、クレメンス (Clemens, Paedog. 2, 156.c.) は αἰγή を読んでいる。

ディールス＝クランツ (Diels=Kranz, VS. p.177.) が αἰγή ξηρή という読みをとり、カーン (Kahn, ibid. p.76.)、ボラック＝ウィズマン (Bollack=Wismann, HS. p.325.)、ロビンソン (Robinson, ibid. p.68.) も、それに従っている。

しかし、私は、断片117、118の出典が Stobaeus, Florilegium. 5.7,8. で同一であること、ヘラクレイトスにおいては、「プシューケー」が「火」と同一視される可能性はあっても、それが「光」を意図するとは考えられないことから、カーク＝レイブン (Kirk=Raven, PP. p.205.)、マルコヴィッチ (Marcovich, ibid. p.371.)、ギゴン (Gigon, ibid. p.110.) に従って αὔη を読む。

21) Arist., de Sensu et Sensili. 443 a21.
22) Diog. Laert., 9. 9.
23) 図1-aは断片31の意味内容を表す。図1-bは図1-aにおけるプレーステールの位置を変更したものである、図2は断片36の意味内容を表す。各図における実線は、ヘラクレイトスの宇宙論における「下り道」を、点線は「上り道」を表す。
24) 注14) 参照。
25) M.C.Nussbaum, ΨΥΧΗ in Heraclitus, II. Phronesis. 17(1972)p.165f.
26) cf. R.English, ibid. p.171.
27) Gigon, ibid. p.110.
    Kahn, ibid. p.247f.
    Robinson, ibid. p.158.
28) 断片76. 断片を真作と考える研究者は、ネストレ (W.Nestle, Die Vorsokratiker. p.108.)、ギゴン (Gigon, ibid. p.98f.)、ガスリー (Guthrie, HGP. I. p.453. n.2.) である。

それに対して、偽作と考える研究者は、ツェラー（Zeller, ZN. p.815.n. 2.）、ブリーガー（A.Brieger, Die Grundzüge der heraklitischen Physik. Hermes. 39 (1904) p.208.）、カーク（Kirk, HCF. p.342f.）、カーン（Kahn, ibid, p.46.）、ロビンソン（Robinson, ibid. p.46.）である。各研究者における真偽判定の基準は、断片中に用いられているἀήρを、ストア学派による挿入と考えるかどうかという点に存している。

出典1．Maximus. *Tyr*. XII 4 p.489.
　　ζῆι πῦρ τὸν γῆς θανατον καὶ ἀὴρ ζῆι τὸν πυρὸς θάνατον, ὕδωρ ζῆι τὸν ἀέρος θάνατον, γῆ τὸν ὕδατος.

出典2．Plutarchus. *de E*. 18. 392c.
　　πυρὸς θάνατος ἀέρι γένεσις, καὶ ἀέρος θάνατος ὕδατι γένεσις.

出典3．Marcus Antonius. 4,46.
　　ὅτι γῆς θάνατος ὕδωρ γενέσθαι καὶ ὕδατος θάνατος ἀέρα γενέσθαι καὶ ἀέρος πῦρ καὶ ἔμπαλιν.

これら三つの出典を比較してみるならば、Maximusにおいてのみ、「生と死」という対立関係が用いられていることが分かる。それに対して、残りのものにおいては、「誕生と死」という用語が、対立関係をなして用いられている。「誕生と死」という用語を用いるMarcus Antoniusの読みに関しては、同じ出典を持つ断片71、72、73との連続性が考えられ、睡眠と覚醒との類比に基づいて、断片76における用語使用がなされたと考えられる。

29）注19）参照。
30）エンペドクレス断片71＝DK. 31 B71.
　　cf. Aetius. 2, 6.3.（D. 334）＝DK. 31A49.
31）オルフェウス断片13＝DK. 1 B13.
　　ムーサエオス断片14＝DK. 2 B14.
32）「プシューケー」と「アイテール」の同一視に関しては、Euripides, *Helene*. 1014ff.参照。
　　cf. Guthrie, ibid. p.466.
33）Kirk, ibid. p.342.
34）注11）参照。
35）Marcovich, ibid. p.304.

第5章 人間の「プシューケー」

36) Diog. Laert., 1. 1. 40.
37) Stobaeus, 3. 172.
38) Platon, *Protagoras*. 343A-B.
39) 格言の意味のみが拡散したという点に関して、フリーマンは、「汝自身を知れ」とか「極端を慎め」という格言が、デルフィの神官職にあった者の手になるためであると論じている。(Freeman, *Companion to the Pre-Socratic Philosophers*. p.45f.) これは、七賢人についての伝承が紀元前六世紀やそれ以降の時代に、最高の知者を代表していると考えられた人々に、後から格言の作者としての地位が帰されたためであると、彼女が考えるからである。
40) 七賢人と呼ばれる人々の生涯や業績についての証言によるならば、彼らの多くは統治者や立法者、助言者として国事に関与したとされる。しかし彼らの関心は、現状をより善くすることであり、そのために彼らが積極的に実践したことは、形式としてのひとつの体制を維持することであった。彼らは決して急進的な改革者ではなかった。
41) 紀元前六世紀から五世紀にかけての時代は、東方ペルシアの勢力拡大に伴って、伝統的ギリシア社会が大きく圧迫を受け動揺した時代であった。イオニアのギリシア人植民市が、次々にその支配下に入ったことによって、ギリシア的価値体系の中に、異質な文化が流入したのである。紀元前546年頃ヘラクレイトスの出身市エフェソスが、紀元前545年頃クセノファネスの出身市コロフォンが、ペルシアの支配下に置かれている。社会環境の激変は、その中に生きる人間の思考や行動に大きな影響を与えたと考えてよいであろう。
42) Farandos, *Die Wege des Suchens bei Heraklit und Parmenides*. p.63.
43) カーク＝レイヴンは、断片101と格言との関連性に関して、断片における $ἐμεωυτόν$ を、格言における $σεαυτόν$ を受けるものとして、解釈している。彼らは、「汝自身」に対置される「私自身」を積極的に解釈する。しかし、断片と格言との関連に関して、「私自身」に重点を置く彼らの解釈は、本文において述べたように、伝統的教訓に対する回答という域を出ないと、私は考える。

　この断片の出典であるディオゲネス・ラエルティオスにおいて、「彼（ヘラクレイトス）は誰の弟子でもなかった。そして、自分自身を探求して、すべてのことを彼自身から学んだ」(9.5.) と伝えられている。$αἰτον…διζήσασθαι$ と $μαθεῖν πάντα$ が、$ἀλλὰ…καὶ$ によって結合されていることから、ディオゲネス・ラエルティオスにおいては、「自己探求すること」と

「すべてを学ぶこと」が、同じ意味を持つと考えられていたことが分かる。ヘラクレイトスの思想の中に、伝統的「神」観から離れようとする傾向を検証できることからも、ディオゲネス・ラエルティオスが伝える「学んだということ」、すなわち、「知った」というひとつの行為に、解釈の中心を置かねばならないと考える。

44）ガスリーは、断片101の意味を、「自己探求、自己反省、自己発見」という三段階の発展過程として解釈している。（Guthrie, ibid. p.419.）世界と「私」の共通性を認識するにいたる途に関しては、私も彼の見解に基本的に同意する。

しかし、ガスリーが、最終段階である自己発見 ――それは、自己の真の意味の発見、「ロゴス」の把握である―― の基礎を、直観に置くことに対しては同意できない。それは、ひとつには、自己探求を通して得られた「ロゴス」の自覚と把握は、自己内反省の際に一挙になされるのではなく、経験的知識を捨象することによって、帰納的に達成されるものであると考えるからである。言い換えれば、「ロゴス」には人間に共通しているという側面と、万物に共通に内在する「定量性」という異なる側面があることから、自己発見の内容である「ロゴス」把握は世界認識に等しいことになる。そのような「私」と世界との共通性を認識することは、直観によって一挙になされるのではなく、「プシューケー」の深化の度合いに応じて達成されるものであると考えるからである。

45）Farandos, ibid. p.27.

46）ホメロスにおける《生命力》としての「プシューケー」解釈に関しては、以下の論文に詳しい。

H.G.Ingenkamp, Inneres Selbst und Lebensträger. Zur Einheit des $\psi\nu\chi\eta$-Begriffs. *Rheinisches Museum für Philologie*. N.F. 118(1975)

S.M.Darcus, A Person's Relation to $\psi\nu\chi\eta$ in Homer, Hesiod, and the Greek Lyric Poets. *Glotta*. 57(1979).

cf. S.M.Darcus, Thmos and Psyche in Heraclitus B.85. *Riviesta di Studi Classici*. 25(1977).

S.M.Darcus, Logos and Psyche in Heraclitus. *Riviesta Storica dell' Antichita*. 9(1979) pp.90-92.

47）Robinson, *Heraclitus*. p.157.

cf. Robinson, Heraclitus and Plato in the Language of the Real. *The Monist*. 74(1991) p.486.

48）G.J.D.Moyal, The Unexpressed Rationalism of Heraclitus. *Revue de*

第5章 人間の「プシューケー」

Philosophie Ancienne. 7(1989) pp.187-190.

結　語

　結語としてヘラクレイトスの思想を統括する前に、現存諸断片中にはほとんど残されていないのではあるが、政治に関する彼の立場についても述べてみたい。それは、若年にして社会的公的生活から身を引き、アルテミスの神殿に隠棲したとも[1]、あるいは、エフェソスの人々から法律の制定を依頼されたにもかかわらず、彼がそれを拒否したとも[2]、さらに、彼の書物が宇宙論と政治論、神学論の三部より成っていたとも[3]、ディオゲネス・ラエルティオスが伝えていることからしても、彼が何らかの政治的信条を持っていたと十分に推測しうるからである。同時にそれは、緒言において述べたように、ヘラクレイトス哲学研究における残された領域でもあるからである。

　手掛かりとなる資料や証言が極めて乏しいとしても、以下で試みることは二点ある。すなわち、まず、ヘラクレイトス哲学の重要な概念が、彼の政治論あるいは政治哲学を再構築しようとする際に、どの点においてどのような関連を持ちうると考えられるか、次に、断片中に見られた複数の哲学者たちを含む他者への批判や、ディオゲネス・ラエルティオスが伝える逸聞から、ヘラクレイトスが一種の寡頭制主義者として考えられうるか、について考察を加えることである。

　さて、ヘラクレイトスが提出した諸概念のうちで、最も根本的で汎用的な性格を持つものは、「共通である（τὸ ξυνὸν）」と形容される「ロゴス」であるだろう。彼の哲学において、「ロゴス」は見かけ上の種々雑多な対立関係の背後にあって、それらを統一している根拠という原理的全体的意味を

持つばかりでなく、個物において具体的個別的に働いている力、という多層的解釈に耐える概念として捉えられた。すなわち、それは巨視的に眺められた体系の中では、形而上学的な「共通性」（断片1、2、50）という合理的原則であると同時に、対立関係の中で均衡を保つことによって各々の存在を存在たらしめるひとつの「割合」（断片30、31、50）であり、人間においては自己認識や他者との接触の際の手段である「言語」（断片2、34、50）でもあった。まったく同様に「法」も多数の人間相互間に存する不和や矛盾といった不統一を裁定するものである。さらに、人間が行為や判断における自己立法者であるという意味では、極めて身近なものでもある。

　このような両者は対置されることによって共通する性格を顕在化すると思われる。いま「ロゴス」に関しては、人間が他者や世界との接点を持つに応じて、いわば、消去法的に私的世界を捨象してゆく過程において、「私性（$\iota\delta\iota\alpha\nu\ \varphi\rho\acute{o}\nu\eta\sigma\iota\varsigma$）」（断片 2）を剝ぎ取られた後に始めて現われてくるといえるであろう。このような「ロゴス」の発見は、個人内部における対立関係の一致と世界内におけるそれとの本質的同一性が、流転の中を貫徹する「ロゴス」を媒介にすることによって保証されていることを見抜くことであり、ヘラクレイトスにおいては、人間にとって真理へと向かうためには最も不可欠な通過点であった。それでは「ロゴス」と「法」の対置はどの点でどのようにして成立可能となるのであろうか。

　結論から述べるならば、「ロゴス」を見抜くことあるいはそれに覚醒することとは、すなわち、自分の「プシューケー」の状態を確認することに他ならないであろう。なぜなら、魂が最も私的な世界を構成する手段である「言語」としての「ロゴス」すら理解できない（断片107）という、最悪の生を生きている限りにおいては、人間の他者に対する関係や他者の集合体としての国家に対する関係は、ヘラクレイトスのいう「共通なるもの」とは決して接点を持たないような、主観的で自己満足的な在り方に留まらざるを得ないからである。言い換えるならば、ヘラクレイトスが断片45において述べているように、人間が自分の魂を深化させるという意識を持つと

結　語

きに始めて、彼には「ロゴス」の深みを垣間見ることが可能となるのであり、そのような個人の集合体は必然的に、全体としての正当性や妥当性を持つようになるからである。ヘラクレイトスによれば、「ロゴス」認識の可能性は生来的に万人に供与されていた(断片113、116)。なるほど可能性としては付与されているにしても、明確に理解したといえる状態にまでその探求を継続することは、人間にとっては非常に困難であった。けれども、自分の外に「ロゴス」を発見しようと試みることは、内に自身の魂の在り方に覚醒することでもあり、最終的に人間が自分の魂の展開の端緒に立った時点で、内と外との懸隔は霧散するといえる。

　それでは、「法」に関してはいかがであろうか。「ロゴス」との近似性について考えるならば、まずその妥当性を挙げねばならないであろう[4]。ともに適応する領域が広範であることが、是非を認定するひとつの基準となっている。そして、外的に成立する客観的妥当性がまさにその正当性の証左となるのではあるけれども、両者は人間の内部において実は接点を持っているといえるであろう。

　「ロゴス」は魂が自己展開を確認してゆく手段としての言葉であり、それは、各人が自分の魂の質料的性質への配慮を検証することとして、つまり、魂自体の深化として自覚された。断片45が述べるような、人間の魂が持っている「それほど深いロゴス」とは、いわば、有限者である人間に密かに与えられた無限者を垣間見る小窓であり、その際限には決して到達し得ぬとしても、彼方に眺めたいと願う究極の里程標であろう。

　これに対して「法」は人間の法である限り、厳密にいうならば、疑似的正義の位置に留まらざるを得ない。「ロゴス」を知る可能性は付与されているとはいえ、所詮人間は神に比すならば猿にすぎなかった[5]。妥当性といい正当性といってはみても、「法」は相対性においてその価値が決定されるがゆえに、最も私的な世界でも「法」は無自覚に成立してしまう。しかし、それは「法」ではなく、恣意であり侭であるにすぎない。いま世界の集体としてのひとつの国家を考えてみるならば、私的世界が拡大したにすぎな

い独裁制から、言葉の本来の意味での民主制まで、「法」の性格は国家体制と表裏をなしているといえるであろう。「ロゴス」が個物を超越した全体的統括者として求められたように、「法」も個人を超克した客観性を持つことによって始めて「法」たりえる。「ロゴス」と「法」は、まさにこの点で接触することになる。

　対立関係の解消あるいは一致を支えるものとしての「ロゴス」の性格は、それを国家内に置き換えて考えてみるとき、対立する人間たちの間を調停して統合させるという「法」の性格に相当するであろう。それでは、制定された「法」の是非に対する責任を、何があるいは誰が負うのであろうか。一般的に考えるならば、それはすべての住人あるいは選出された者からなる民会であり、そこでの合意や決定が先の問に対する答えとして用意されるであろう。けれども、複数の断片において、文の主語たる「多数の人々、人々、彼ら」は、ヘラクレイトスにとって軽蔑の対象に他ならず、国政からは放逐されるに如くはない人間たちであった。このような諸断片の意味に加えて、断片49と29を読んでみるならば、そこにはヘラクレイトスの貴族主義的な寡頭制主義者としての面影が浮かんでくることになる。私はヘラクレイトスが国政形態としては寡頭制を意図していたであろうと推論する。ただし、それは僭主制に見られるような独裁制的色彩を強く持つものではなく、あくまでも極く小数の精鋭者たちに委ねられた国政という形での寡頭制に他ならない。それは具体的には断片49において用いられている「最高の者（ἄριστος）」という形容詞に耐えうる者が、立法者さらに施政者として立つ政治体制である。

　断片　44．「人々はちょうど市壁に対するがごとく、法のために戦わねばならない。」
　　（μάχεσθαι χρὴ τόν δῆμον ὑπὲρ τοῦ νόμου ὅκωσπερ τείχεος.）

　「ロゴス」の基本性格をもって、言い換えれば、正義と普遍という性格

結　語

をもって立てられた「法」は、それが適用される範囲内の人間を庇護すると同時に、逆に人間によって守護されねばならないと語られている。ここで彼が用いている $μάχεσθαι < μάχομαι$ という動詞は、外圧に対する防衛という表面的解釈に留まらないであろう。たとえ、どれほど綿密に慮って成文化されたものであっても、成文化という行為自体が有限化の作業である以上、現在している「法」には、例外規定や曖昧な箇所が残るからであり、$μάχεσθαι$ はそのような部分への建設的挑戦という意味においても解釈されねばならないであろう。この断片において比較の対象とされている市壁を外敵に対して守るに留まらず、完璧へ向かって改修したり改築する営みをも含意していると解釈されねばならないであろう。

　それでは、実際の国家において展開される「法」を、どのようにして制定し維持し、あるいは改革することをヘラクレイトスは念頭においていたのであろうか。ディオゲネス・ラエルティオスによれば、立法者として立つという故国からの要請を彼は拒否したと伝えられていた。この逸話は、その後の彼のアルテミス神殿での隠遁生活とも深く関連しているとされるのであるが、直接資料の決定的不足にもかかわらず、彼を突き動かした原因あるいは彼を隠棲せしむるに至った決意の背後にあったものを、断片に残された発言の中に分析することは許されるであろう。そして、おそらくそれがヘラクレイトスの正義論として構成されるであろう。

　第2章第4節に挙げた断片80において述べられていることは、正義という概念が対立する二極間での一種の運動を意味内容としていることである。このことは、宇宙論において「火」を頂点とする四元素が、《定量性》に裏打ちされながら対立する方向へと相互変化しつつ、全体としての統一を保っているのと同様に、正義は国家というひとつの具体的枠組みの内部において、相反する力の合力として立つということに他ならない。ここでいう力とは、ヘラクレイトスがさまざまな人間たちを表現するために用いている形容詞や、その名詞形として与えられていると考えられるものである。つまり、「眠っている人－目覚めた人」「多数－１人」「人々－最高の人」と

171

いった対立的表現で捉えられる人間たちの集団、全体としての国家（宇宙論におけるコスモスそのもの）が、相互勢力の均衡を保つかぎりで正義は現存するのであり、翻っていうならば、正義を具現する状態へと力が均衡すると言ってもいいかもしれない。このように考えるかぎりにおいては、ヘラクレイトスは国家内での対立勢力の混交を是としていたことになり、先に述べた寡頭制主義者として彼を位置づけようとする論旨からの逸脱が生ずるであろう。しかし、このような危惧は以下の論拠によって回避されうると考える。

　まず、彼が一万人にも匹敵するという一人の人においた国家内での価値は、宇宙論における「火」が持つ優越性に等しい。なるほど、変化過程の中で「火」は一見すると埋没してしまってその在り方を変質させてはいるものの、根源存在としての第一位性を喪失しているわけではない。加えて、「火」は「永遠に生きる火」（断片30）であった。このことは、生成消滅する「多」として顕現する万物の背後あるいは根底にあって、「火」の卓越性が保持されるということに他ならなかった。明滅する万物の全体に相当する国家において、宇宙論的なダイナミズムを担う「最高の人」は、有限者でありながらも価値においては永遠性を獲得していることになる。「多数」あるいは「愚衆」に取り巻かれ、時にはヘルモドロスの如く（断片121）放逐されることがあるかもしれない。けれども、「最高の人」の価値自体は、彼のみが「共通のもの」たる「ロゴス」を知りえた者であり、「私」を包括するより大きなものとの共通点・同一性に覚醒したという点で、すなわち正義そのものであるという点で、決して損なわれるものではない。

　さらに、先に論じたような、ヘラクレイトスが「大衆」を表現するに当たって使用している言辞は、国家の大多数の構成者を彼が $δημος$ として、つまり「愚衆」として眺めていたということを十分に推論させる。名門という彼の出自がヘラクレイトスの他者批判の背後には潜んでいる、といった安易な立論は厳に戒められねばならないとしても、自己探求の結果として、マクロコスモスと自己との同心円的関係を理解するに至った彼が、「湿

結　語

った魂を持つ者」や「バルバロスな魂を持つ者」たちを劣等視していたことは、十分に窺い知ることができる。

　最後の論点は、断片 6、94、66を援用するものである[6]。断片 6においては、宇宙論における「火」の顕著な象徴としての太陽が、一日を周期として生死を反復することが、断片94においては、その太陽ですらが規矩を越えず、万一そのような場合には、ディケーに因る断罪を被ることが語られる。そして、断片66において用いられている二つの動詞 $\kappa\rho\acute{\iota}\nu\omega$ と $\kappa\alpha\tau\alpha\lambda\alpha\mu\beta\acute{\alpha}\nu\omega$ は、共に法廷用語でもある。これらの断片からは、太陽ですらも逸することのできない正義の存在が帰結する。正義の普遍性とは、それほどまでに徹底しているのであり、そのような正義の裏付けを求められる「法」を担う者として、優れた者のみが求められることも理解できるであろう。

　ヘラクレイトスは政治や国家の現実に満足していなかった。歴史的に眺めるならば、彼の時代は既にイオニアの各ポリスはペルシアの支配下にあり、まさに言葉の本来的意味であるバルバロイたちが「法」を担っていた。ペルシア人たちが支配の永遠を目指すかぎり、必然的に国家や社会のダイナミズムは窒息させられ、ヘラクレイトスの描く国家の在り方は実現される術もない。断片33において「法とはまた、一人の決定に従うことである」と彼が述べるとき、「最高の人」が一身に支配を集中して「法」を制定し施政することも、彼にとっては正義とせざるを得なかったのではなかろうか。この意味では、彼は寡頭制主義者であったと見なされるであろう。

　哲学史上において、イオニア自然学の系譜の最後に位置するヘラクレイトスは、特に、その宇宙論において、イオニア自然学の伝統的な叙述形式を踏襲していると考えられる。「火」からの万物の生成と、万物の「火」への還帰を述べている点で、ヘラクレイトスは、彼以前のイオニアの思想家たちと共通する方法で、「コスモス」を叙述した。「火」の質料的側面に関しては、断片76の叙述を検討することによって、それは、「空気」のうちで最も純粋な「アイテール」と推論された。「火の転化」による他の質料的要

素への変化を説く以上、彼は、伝統的な形式に従っているといえる。

　このように、「火」を質料的側面から捉えて、「火の転化」を論ずる限りにおいては、ヘラクレイトスはイオニア自然学の系譜の中にあるといえる。

　しかし、ヘラクレイトスにおいて、質料的に捉えられる「火の転化」は、各変化間における「ロゴス（＝定量性、原理）」に裏づけされたものであることから、「火」そのものにひとつの原理性をみることができる。この点で、ヘラクレイトスは、彼以前の思想家たちから区別されることになると思われる。

　万物に「共通するもの」という性格を持つ「ロゴス」は、われわれが目にする、さまざまな対立物の背後に存在している「対立の一致」を保証する原理でもある。経験的に眺める限り、われわれの認識は対立関係のそれぞれの極のみを捉え、「隠れること」を好み「不可視」である「ロゴス」を把握できない。それでは、人間が、「ロゴス」を認識することはまったく不可能であろうか。この問いに答えることが、ヘラクレイトスにおける人間の「知」の問題を考察することにつながる。

　ヘラクレイトスは、人間の「知」を「神」の「知恵」と対比させて述べている。ここで、ヘラクレイトスが単数形で表現する「神」は、「ロゴス」と共通する新しい意味を付与されている。このような「神」と人間との間にある懸隔を了解したうえで、ヘラクレイトスは、人間の「知」の問題を語っていると思われる。

　「神」は「知恵（ソフィエー）」を持つのに対して、人間は、「知（ト・ソフォン）」を持つ。すなわち、「神」の「知恵」は完全に「ロゴス」を認識するが、人間の「知」は、「思惟すること」「完全に思惟すること＝叡知」によって対立関係を支えている「不可視なるハールモニエー」、つまり、「ロゴス」の存在を知るに留まるのである。人間はそのような位相を自らの最高知として満足せざるをえない。ヘラクレイトスは、このような限界づけられた「知」であるにしても、その獲得を目指すところに人間の尊厳をみていると考えられる。

結　語

　しかし、ヘラクレイトスにとって、「一般の人々」は、そのようなあるべき姿からはまったくかけ離れた存在であった。ヘラクレイトスは、多くの断片中において「一般の人々」を痛罵している。それは、「一般の人々」の場合、「知」を獲得するために用いる能力である「思惟」「叡知」を持つ「プシューケー」の状態が、劣悪なままに留まっているからである。ヘラクレイトス自身は、「プシューケー」の質料的側面に、予め劣悪なる要因を認めている。人間の通常の状態が、「プシューケー」にとっては負の要素である「水」を含むからである。そして、「空気的なもの」と推定する「プシュケー」の性状は、「ソフィエー」と密接に関連していると考えられる。このことは、彼が語る「自己探求」の内容について検討することによって明確となる。
　本来「湿った」ものである人間の「プシューケー」は、感覚的判断に従って、万物にみられる対立関係を個別的に認識する。この段階にある「人々」の「プシューケー」は「ロゴス」認識からは遠い。さらに、「プシューケー」にとって「湿ること」が「快」であるがゆえに、人間は「酩酊」に代表されるような、「ロゴス」からより離れようとする性向すら持つ。
　しかし、「自己探求」の途に立つことによって、つまり、「思惟すること」に覚醒することによって、人間は「ロゴス」を目指すことができると思われる。このとき人間は、「プシューケー」を「より乾いた」状態に保たねばならない。
　「自己探求」の最後の段階は、「プシューケー」が最も「乾いた」状態にあるといえる。本来的に「水」的要素から逃れることはできないにしても、「プシューケー」は程度において最も「乾いた」状態を実現する。このとき「プシューケー」は、「空気的なるもの」の中で最も「火」に近似する「アイテール」であると推論する。
　私は、以上のように、ヘラクレイトスの思想を解釈する。
　この解釈は、宇宙論的叙述と「プシューケー」に関する叙述を、「ロゴス」を媒介とすることによって、ほとんど同一なる図式で捉えようとする試み

である。ヘラクレイトスの思想は、「コスモス」と「プシューケー」が同一の原理によって統合されることから、人間の外側と内側を同心円的に語るものと考えることができる。この解釈は、すでに多くの研究者たちによってなされてきた。本書における新たな解釈は、宇宙論における「火」と、最高の状態にある「プシューケー」の質料的本質を、最も純粋で熱く乾いた「アイテール」であるとみなす点にある。この解釈は、直接的な資料による裏づけがほとんど得られないという点において困難さを伴う。

しかし、私は、ヘラクレイトスにおける「プシューケー」を、「空気的なるもの」と捉えることによって、従来の研究者たちが考えてきたような、「プシューケー」を「火」とする解釈よりも、ヘラクレイトスが「プシューケー」に与えた「乾湿」という性質を、十分説明しうることに着目した。この解釈は、最近の研究者によって試み始められている。

このように、人間が「ロゴス」を認識するに際して用いる「思惟」「叡知」を支える「プシューケー」を、「空気的なるもの」とみる以上、「ロゴス」に最接近した「プシューケー」の本質に「アイテール」を適用することが必然性を持つと思われる。そして、「プシューケー」が「アイテール」を実現することこそ、ヘラクレイトスが、最も強くわれわれに対して主張することを意図したことであると感じている。ヘラクレイトスが語る「自己探求」という言葉が、そのことを暗示すると考える。この点に、われわれはひとつの人間学の萌芽をみることができるであろう。

注1）Diog. Laert. IX,3.
 2）ibid. IX,2.
 3）ibid. IX,5.
 4）第4章第2節(2)に引用した、断片114参照。
 5）同上、断片83参照。
 6）断片6．「太陽は日々新しい」
  断片94．第3章第2節参照。
  断片66．「火が万物に近づいて裁き、刑の宣告を行なうであろう」

あとがき

　およそ二千五百年という時間が流れ去ったにもかかわらず、ヘラクレイトスという哲学者は「闇の人」という古代ギリシア以来の渾名そのままに、われわれの前に屹立しているといえるであろう。現存している直接文献の少なさについては言を待たないが、その難解さは、残された資料に対してどのような姿勢で臨むのかという、研究者自身の方法論的相違に応じて、いわば、資料自体が変質してしまうという点に存していると思われる。ディールスが前ソクラテス期の哲学者たちの文献を集成して以来、今世紀当初よりさまざまな研究者たちは時代精神と自らの問題意識に対応する形で、ヘラクレイトス哲学への接近を試みてきたわけである。特に、万物を不断の変化の中に捉え、それぞれの局面をひとつの共通なる本質の下に眺めるという彼の哲学の要諦を、資料との連関からどのように解釈するかという点に、研究者たちの注意が払われてきたことは周知の事実である。けれども、ヘラクレイトスの思想自体は、さまざまな切り口によって一端は解明されたかに見えても、何か得体の知れぬものが残っているという不安を常に与え続けてきたといわざるを得ない。この意味で、ヘラクレイトスは「闇の人」のままに留まっているわけであるが、その「闇」のゆえに光が照射され続ける余地を持つという意味では、十分に新しい思想家なのである。

　さて、大学院に進学した後に、ふとした契機でその現存諸断片を通して正式に接触したヘラクレイトス哲学は、私にとって単に難解というよりはむしろ、奇妙なものであった。断片の翻訳に取り組んだ私の前に現われてきたものは、比喩表現の中に用いられたさまざまな名詞たちや、余りに淡泊すぎると感じられたその言い回しであった。思想全体を俯瞰することなどできようもない私にとっては、紙面に書き起こされた言葉たちは、まるで、解体されて投棄された部品たちのごときものであった。しかし、私に

はそれらの言葉たちが叫び胎動しているように感じられた。ヘラクレイトスの断片訳を完成したときに漠然と抱いた一種の畏怖こそが、その後十数年に亘って私を引きずり回してきたといっても過言ではない。

　私はとりあえず、幾人かの研究者たちの方法論を模倣して、断片を主題別に大別した上で、ヘラクレイトスの思想を部分的にではあるが、ひとつの統一の下に読み解くことを始めた。そして、いくつかの論文を編むという作業を進めて行くうちに、私にとっての中心的課題になっていったものこそ、ヘラクレイトスの魂についての捉え方であった。前ソクラテス期の哲学者たちについて共通して語られる物質的世界観の枠組では、もはや彼の思想を覆いえないという確信を持つに至ったときに、私は私なりに不明の闇を抜けることができたのかもしれない。

　ところで、私がともかくもこのようにヘラクレイトス哲学研究について纏めることができたのは、ひとえに西川亮先生の長年に亘る御指導の賜に他ならない。ヘラクレイトスの思想へとそれとなく私を誘ったものは先生の一言であり、私が霧中に途を見失いかけようとする度に、先生からは叱責と共に示唆を与えていただいた。研究対象の不可測性の前に狼狽する私は、先生に向かって話すことによってどれほど安心することができたであろうか。先生に対して衷心より感謝の言葉を申し上げたい。

　本研究は、平成六年一月に広島大学に提出した学位請求論文に若干の加筆と訂正を施して完成したものである。幸いにも本論文は同年七月に審査に合格して、博士号が授与された。その直後、私は文部省甲種在外研究員としてトロント大学哲学部において学ぶ機会を得ることができ、そこで、ロビンソン教授（Prof. Thomas M. Robinson）の演習に参加することによって、別の角度からヘラクレイトス哲学について思索することができた。演習での発表に提出した自分の解釈について、教授はもとより大学院生たちと意見を交わすことは、私にとって大きな喜びであった。さらに教授には演習とは別に、ヘラクレイトスや古代ギリシアの霊魂論に言及した幾多の論文に関して討論する時間を毎週割いていただいた。論文読みとレジュ

あとがき

メ作成に追われながらも、私は非常に充実した研修期間を過ごすことができた。教授に対しても衷心より感謝の言葉を申し上げたい。

　平成七年七月に帰国した私が、カナダ滞在で得た成果を西川先生に報告したことは当然である。退官を控えて多忙でおられたにもかかわらず、私の話を聞いてくださった先生の顔は忘れられない。翌年三月に広島大学を退かれ、四月に広島市立大学に移られた時には、新しい場所でのご自身の研究の展開について話されていた先生であったが、私がお会いした二週間後に急逝された。電話口から先生の死について知らせてくれる声がどんなに遠いものであったか。死というものが突然に襲うものであるにしても、余りにも辛かった。先生には心からの哀悼の意を表するとともに、重ねて感謝の言葉を申し上げたい。

　この仕事が完成するには、生来怠惰である私の性情に加えて、先生の死を整理する時間が必要であった。その間、多くの友人たちと話すことによって、私は落ち着きを取り戻すことができた。この場を借りて感謝の気持ちを述べたいと思う。

　本書の出版については、溪水社の木村逸司社長には大変にお世話になった。特にギリシア語の問題については、必要以上のご配慮をいただいた。厚くお礼を申し上げる。

　最後に、本書は平成十一年度文部省科学研究費補助金（研究成果公開促進費）の交付によって上梓されたものである。関係の方々に謝意を表する次第である。

後　藤　　　淳

平成十一年　晩秋

参考文献

Allen, R.E.: *Greek Philosophy: Thales to Aristotle.* New York. 1985².
Axelos, K.: *Héraclite et la philosophie.* Paris. 1962.
Baeumker, C.: *Problem der Materie in der griechischen Philosophie.* Frankfurt am Main. 1963. (1st 1890)
Baldry, H.C.: Embryological Analogies in Early Cosmogony. *CQ.* 26 (1932).
Barnes, J.: *The Presocratic Philosophers.* vol 1. *Thales to Zeno.* London. 1979.
Bergk, Th.: *Kleine philologische Schriften.* II. *Zur griechischen Literatur.* Halle an der Saale. 1886.
Bollack, J.=Wismann, H.: *Héraclite ou la séparation.* (*HS.*と略す) Paris. 1972.
Boudouris, K.J.(ed): *Ionian Philosophy.* Athens. 1989.
Brieger, A.: Die Grundzüge *der heraklitischen Physik. Hermes.* 39 (1904).
Burnet, J.: *Early Greek Philosophy.* London. 1930⁴.
Burnet, J.: *Greek Philosophy. Thales to Plato.* London. 1968¹⁴.
Bywater, I.: *Heracliti Ephesii Reliquiae.* (*HER.*と略す) Chicago. 1969. (rep)
Capelle, W.: Das erste Fragment des Herakleitos. *Hermes.* 59 (1924).
Capelle, W.: *Die Vorsokratiker.* Berlin. 1958.
Capizzi, A.: *The Cosmic Republic. Notes for a Non-Peripatetic History of the Birth of Philosophy in Greece.* Amsterdam. 1990.
Cherniss, H.: The Characteristics and Effects of Presocratic Philosophy. *JHI.* 12 (1951).
Cherniss, H.: *Aristotle's Criticism of Presocratic Philosophy.* New York. 1983³.
Conche, M.: *Héraclite. Fragments.* Paris. 1986.
Cornford, F.M.: Innumerable Worlds in Presocratic Philosophy. *CQ.* 28 (1934).
Cornford, F.M.: *Principium Sapientiae. The Origins of Greek Philosophical Thought.* Cambridge. 1952.
Cornford, F.M.: *The Unwritten Philosophy and Other Essays.* Cambridge. 1967².

Cornford, F.M.: *Before and After Socrates*. Cambridge. 1981[14].
Darcus, S. M.: Thymos and Psyche in Heraclitus B85. *Riviesta di Studi Classici*. 25(1977)
Darcus, S. M.: Logos and Psyche in Heraclitus. *Riviesta Storia dell' Antichita*. 9(1979)
Darcus, S. M.: A Person's Relation to ψυχή in Homer, Hesiod, and the Greek Lyric Poets. *Glotta*. 57 (1979)
Deichgräber, K.: *Rhythmische Elemente in Logos des Heraklit*. Darmstadt. 1963.
Deichgräber, K.: Bemerkungen zu Diogenes' Bericht über Heraklit. *Philologus*. 93 (1938)
Dicks, D.R.: Solstices, Equinoxes, and the Presocratics. *JHS*. 86 (1966).
Diels, H.: *Sibyllinische Blätter*. Berlin. 1890.
Diels, H.: Zwei Fragmente Heraklits. *Sitzungsberichte der Akademie der Wissenschaft zu Berlin*. 142 (1901).
Diels, H.: *Die Fragmente der Vorsokratiker*. Berlin. 1922[4].
Diels, H.: *Kleine Schriften zur Geschichte der antiken Philosophie*. Hildesheim. 1969.
Diels, H.: *Doxographi Graeci*. Berlin. 1976. (Nachdruck)
Diels, H.=Kranz, W.: *Die Fragmente der Vorsokratiker*. (*VS*.と略す) Berlin. 1974[17].
Dodds, E.R.: *The Greeks and the Irrational*. California. 1956[2].
Eisenstadt, M.: Xenophanes' Proposed Reform of Greek Religion. *Hermes*. 102 (1974).
Emlyn-Jones, C.J.: *The Ionians and Hellenism. A Study of the Cultural Achievement of Early Greek Inhabitants of Asia Minor*. London. 1980.
English, R.: Heraclitus and the Soul. *TPAPA*. 44 (1913).
Farandos, G.D.: *Die Wege des Suchens bei Heraklite und Parmenides*. Würzburg. 1982.
Fränkel, H.: Heraclitus on God and the Phenomenal World (Frag. 67 Diels). *TPAPA*. 69 (1938).
Fränkel, H.: A Thought Pattern in Heraclitus. *AJP*. 59 (1938).
Fränkel, H.: *Wege und Formen frühgriechischen Denkens*. München. 1955.
Fränkel, H.: *Early Greek Poetry and Philosophy*. Eng. trans. by J.Willis. Oxford. 1975.

Freeman, K.: *God, Man and State*: *Greek Concepts*. London. 1952.
Freeman, K.: *Companion to the Pre-Socratic Philosophers*. Oxford. 1966.
Freeman, K.: *Ancilla to the Pre-Socratic Philosophers*. Oxford. 1971⁶.
Frenkian, A.M.: Etude de philosophie presocratique. Heraclite d'Éphèse. Cernauti. 1933.
Fritz, K.v.: ΝΟΤΣ, NOEIN, and their Derivatives in Pre-Socratic Philosophy (Excluding Anaxagoras). *CP*. 40 (1945).
Fritz, K.v.: *Grundprobleme der Geschichte der antiken Wissenschaft*. Berlin. 1971.
Fontaine, P.F.M.: *The Light and the Dark*. Amsterdam. 1987.
Furley, D.J.: The Early History of the Concept of the Soul. BICS. 3 (1956).
Furley, D.J.: *The Greek Cosmologists*. vol 1. *The Formation of the Atomic Theory and its Earliest Critics*. *Cambridge*. 1987.
Gigon, O.: *Untersuchungen zu Heraklit*. (*UzH*.と略す) Leipzig. 1935.
Gigon, O.: *Grundprobleme der antiken Philosophie*. Berlin. 1959.
Gigon, O.: *Studien zur antiken Philosophie*. Berlin. 1972.
Gomperz, H.: *Die Lebensauffassung der grichischen Philosophen und das Ideal der inneren Freiheit*. Darmstadt. 1979. (rep)
Gomperz, Th.: *Hellenika*. I.II. *Eine Auswahl philologischer und philosophiegeschichtlicher kleiner Schriften*. Leipzig. 1912.
Greene, W.Ch.: Fate, Good, and Evil in Pre-Socratic Philosophy. *HSCP*. 47 (1936).
Guthrie, W.K.C.: The Presocratic World-Picture. *JHS*. 77 (1957).
Guthrie, W.K.C.: *A History of Greek Philosophy*. I. *The Earlier Pre-socratics and the Pythagoreans*. (*HGP*.と略す) Cambridge. 1962.
Havelock, E.A.: Pre-literacy and the Pre-Socratics. *BICS*. 13 (1966).
Havelock, E.A.: *The Literate Revolutiion in Greece and its Cultural Consequences*. Princeton. 1982.
Heidegger, M.=Fink, E.: *Heraklit*. Frankfurt am Main. 1970.
Heidel, W.A.: Qualitative Change in Pre-Socratic Philosophy. *AfGP*. 19 (1906).
Heidel, W.A.: Περὶ Φύσεως. A Study of Concept of Nature among the Presocratics. *PAAAS*. 45 (1910).
Heidel, W.A.: *The Frame of the Ancient Greek Maps*. New York. 1937.
Heinimann, F.: *Nomos und Physis*. Darmstadt. 1980.

Helm, B.: Social Roots of the Heraclitean Metaphysics. *JHI.* 25 (1964).

Hicks, R.D.(trans): *Diogenes Laertius.* I.II. London. 1972[7]. (Loeb Classical Library 184, 185.)

Hölscher, U.: *Anfängliches Fragen. Studien zur frühen griechischen Philosophie.* Göttingen. 1968.

Ingenkamp, H. G. : Inneres Selbst und Lebensträger. Zur Einheit des ψυχή-Begriffs. *Rheinisches Museum für Philologie.* N. F. 118(1975)

Jeannière, A.: *La Pensée d'Héraclite d'Éphèse et la Vision Pre-socratique du Monde, avec la Traduction Intégrale des Fragments.* Paris. 1959.

Jeannière, A.: *Héraclite. Traduction et Commentaire des Fragments.* Paris. 1985.

Kahn, C.H.: *Anaximander and the Origins of Greek Cosmology.* New York. 1960.

Kahn, C.H.: A New Look at Heraclitus. *APQ.* 1 (1964).

Kahn, C.H.: On Early Greek Astronomy. *JHS.* 90 (1970).

Kahn, C.H.: *The Verb 'BE' and its Synonyms. Philosophical and Grammatical Studies.* Dordrecht. 1973.

Kahn, C.H.: *The Art and Thought of Heraclitus.* (*AThH.*と略す) Cambridge. 1981. (pap)

Kerschensteiner, J.: *Kosmos. Quellenkritische Untersuchungen zu den Vor-sokratikern.* München. 1962.

Kirk, G.S.: Heraclitus and Death in Battle. (Fr.24D) *AJP.* 70 (1949).

Kirk, G.S.: Natural Change in Heraclitus. *Mind.* 60 (1951).

Kirk, G.S.: Some Problems in Anaximander. *CQ.* N.S.5 (1955).

Kirk, G.S.: Men and Opposites in Heraclitus. *MH.* 14 (1957).

Kirk, G.S.: Ecpyrosis in Heraclitus: Some Comments. *Phronesis.* 4 (1959).

Kirk, G.S.: Sense and Common-Sense in the Development of Greek Philosophy. *JHS.* 81(1961).

Kirk, G.S.: *Heraclitus. The Cosmic Fragments.* (*HCF.*と略す) Cambridge. 1978[5].

Kirk, G.S.=Raven, J.E.: *The Presocratic Philosophers.* (PP.と略す) Cambridge. 1975[10].

Kirk, G.S. Raven, J.E.=Schofield, M.: *The Presocratic Philosophers.* Cambridge. 1983[2].

Kranz, W.: *Vorsokratische Denker.* Berlin. 1959[3].

Kurtz, E.: *Interpretationen zu den Logos-Fragmenten Heraklits.* Hildesheim. 1971.
Lassalle, F.: *Die Philosophie Herakleitos des Dunklen von Ephesos.* Hildesheim. 1973².
Lebedev, A.: The Cosmos as a Stadium: Agonistic Metaphors in Heraclitus' Cosmology. *Phronesis.* 30 (1985).
Lesky, A.: Dionysos und Hades. *WS.* 54 (1936).
Leuze, O.: Heraklits Fragment 26D. *Hermes.* 50 (1915).
Liddle, H.G.=Scott, R., Jones. H.S.: A Greek-English Lexicon. (L.S.J.と略す) Oxford. 1985. (rep)
Lloyd, G.E.R.: Hot and Cold, Dry and Wet in Greek Philosophy. *JHS.* 84 (1964).
Lloyd, G.E.R.: *Magic, Reason and Experience. Studies in the Origins and Development of Greek Science.* Cambridge. 1979.
Lloyd, G.E.R.: *The Revolutions of Wisdom. Studies in the Claims and Practice of Ancient Greek Science.* Cambridge. 1987.
Loew, E.: Ein Beitrag zu Heraklits Frg.67 und 4a. *AfGP.* 23 (1910).
Loew, E.: Das Verhältnis von Leben und Logik bei Heraklit. *WS.* 51 (1933).
Lotz.S.J, Joh.B.: Hörer des Logos. Der Mensch bei Heraklit von Ephesus. *Scholastik.* 28 (1953).
Lovejoy, A.O.: The Meaning of Φύσις in the Greek Physiologers. *PR.* N.S. 18 (1909).
Luria, S.: *Anfange griechischen Denkens.* Berlin. 1963.
Magnus, M.A.L.(trans): T.Gomperz. *The Greek Thinkers.* Oxford. 1964⁷.
Mansfeld, J.: Heraclitus on the Psychology and Physiology of Sleep and on Rivers. *Mnemosyne.* 20 (1967).
Mansfeld, J.(übersetzt): *Die Vorsokratiker.* Stuttgart. 1987.
Mansfeld, J.: *Studies in the Histriography of Greek Philosophy.* Assen. 1990.
Marcovich, M.: *Heraclitus. Greek Text with a Short Commentary.* (*H.*と略す) Merida. 1967.
Marcovich, M.: *Herakleitos.* (Sonderausgaben der *Paulyschen Real-encyclopädie der classischen Altertumswissenschaft.*) (*RE.*と略す) Stuttgart. 1967.
Marcovich, M.: *Hippolytus. Refutatio Omnium Haeresium.* Berlin. 1986.
Meiser, K.: *Zu Heraklits Homerischen Allegorien.* München. 1911.

Miller, Ed.L.: The Logos of Heraclitus; Updating the Report. *HThR.* 74 (1981).

Minar,Jr. Ed.L.: The Logos of Heraclitus. *CP.* 34 (1939).

Mourelatos, A.P.D.(ed): *The Pre-Socratics. A Collection of Critical Essays.* New York. 1974.

Moyal, G.J.D.: The Unexpressed Rationalism of Heraclitus. *Revue de Philosophie Ancienne.*

Nestle, W.: Heraklit und Orphiker. *Philologus.* N.S.18 (1905)

Nestle, W.(hrsg): *Die Vorsokratiker.* Darmstadt. 1969[4].

Nestle, W.: *Vom Mythos zum Logos. Die Selbstentfaltung des griechischen Denkens.* Stuttgart. 1975[2].

Nussbaum, M.C.: ΨΥΧΗ in Heraclitus.I. *Phronesis.* 17 (1972).

Nussbaum, M.C.: ΨΥΧΗ in Heraclitus.II. *Phronesis.* 17 (1972).

Nussbaum, M.C.: *The Fragility of Goodness.* Cambridge. 1989[5].

Osborne, C.: *Rethinking Early Greek Philosophy. Hippolytus of Rome and the Presocratics.* New York. 1987.

Otten, A.: *Einleitung in die Geschichte der Philosophie. Die Gottesidee, die leitende Idee in der Entwickelung der griechischen Philosophie.* Paderborn. 1895.

Parker, G.F.: *A Short Account of Greek Philosophy from Thales to Epicurus.* Alva. 1967.

Pleger, W.H.: *Das Logos der Dinge. Eine Studie zu Heraklit.* Frankfurt am Main. 1987.

Popper, K.R.: Kirk on Heraclitus and on Fire as the Cause of Balance. *Mind.* N.S.72 (1963).

Praechter, K.: *Die Philosophie des Altertums.* Berlin. 1926[12].

Quiring, H.: *Heraklit. Worte Tönen durch Jahrtausende.* Berlin. 1959.

Raffan, J. (trans): W. Wurkert, *Greek Religion.* Massachusetts. 1985.

Reeve, C.D.C.: Ekpyrosis and the Priority of Fire in Heraclitus. *Phronesis.* 27 (1982).

Reinhardt, K.: *Parmenides und die Geschichte der griechischen Philosophie.* Frankfurt am Main. 1959.

Reinhardt, K.: *Vermächtnis des Antike.* Göttingen. 1966.

Robb, K.(ed): *Language and Thought in Early Greek Philosophy.* La Salle. 1983.

Robin, L.: *Greek Thought and the Origins of the Scientific Spirit.* New York. 1967².

Robinson, T.M.: Heraclitus on Soul. *The Monist.* 69 (1968).

Robinson, T.M.: Critical Notice of Chales H.Kahn. The Art and Thought of Heraclitus. *Canadian Journal of Philosophy.* 13 (1983).

Robinson, T.M.: *Heraclitus.* Toronto. 1987.

Robinson, T.M.: Heraclitus and Plato in the Language of the Real. *The Monist.* 74(1991)

Rohde, E.: *Psyche. Seelencult und unsterblichkeitsglaube der Griechen.* Tübingen. 1921⁷.

Ross, W.D.=Fobes, F.H.(ed): *Theophrastus. Metaphysics.* Hildesheim. 1982.

Roussille, F.: *Héraclite d'Éphèse.* Paris. 1986.

Roussos, E.N.: *Heraklit-Bibliographie.* Darmstadt. 1971.

Sallis, J.=Maly, K.(ed): *Heraclitean Fragments. A Companion Volume to the Heidegger/Fink Seminar on Heraclitus.* Alabama. 1980.

Schadewaldt, W.: *Iliasstudien.* Darmstadt. 1966.

Schleiermacher, F.: Herakleitos der Dunkle, von Ephesos, dargestellt aus den Trümmern seinnes Werks und der Zeugissen der Alten. Sämmtliche Werke. Bd, 2. Berlin. 1838.

Schmidt, E.G.: Heraklit, über qualitative Veränderung. *Wissenschaftliche Zeitschrift der Karl-Marx-Universität Leipzig.* 11 (1962).

Schmitt, P.: Geist und Seele. Studie über Logos, Nous und Psyche bei Heraklit und Platon und über einige späte Nachwirkungen dieser Begriffe. *Eranos-Jb.* 13 (1945).

Schofield, M.=Nussbaum, M.C.(ed): *Language and Logos.* Cambridge. 1982.

Seidensticker, B.: *Palintonos Harmonia. Studien zu kosmischen Elementen in der griechischen Tragödie.* Göttingen. 1982.

Shipton, K.M.W.: Heraclitus fr.10; A Musical Interpretation. *Phronesis.* 30 (1985).

Sinnige, Th.G.: *Matter and Infinity in the Presocratic Schools and Plato.* Assen. 1968.

Smith, W.(ed): *A Dictionary of Greek and Roman Biography and Mythology.* New York. 1967.

Snell, B.: *Die Ausdrücke für den Begriff des Wissens in der Vor-platonischen Philosophie.* Berlin. 1924.

Snell, B.: *Poetry and Society. The Role of Poetry in Ancient Greece*. Indiana. 1961.
Snell, B.: *Gesammelte Schriften*. Göttingen. 1966.
Snell, B.: *Der Weg zum Denken und zur Wahrheit. Studien zur frühgriechischen Sprache*. Göttingen. 1978.
Snell, B.: *Die Entdeckung des Geistes*. Göttingen. 1980[5].
Stohr, A.: *Heraklit*. Wien. 1920.
Stokes, M.C.: *One and Many in Presocratic Philsophy*. Massachusetts. 1971.
Sweeney, L.: *Infinity in the Presocrates. A Bibliographical and Philo-sophical Study*. Hague. 1972.
Verdenius, W.J.: *Parmenides. Some Comments on his Poem*. Groningen. 1942.
Verdenius, W.J.: A Psychological Statement of Heraclitus. *Mnemosyne*. 11 (1943).
Verdenius, W.J.: Notes on the Presocratics. *Mnemosyne*. 13 (1947).
Vlastos, G.: Equality and Justice in Early Greek Cosmologies. *CP*. 42 (1947).
Vlastos, G.: Theology and Philosophy in Early Greek Thought. *PQ*. 2 (1952).
Vlastos, G.: On Heraclitus. *AJP*. 76 (1955).
Vogel, C.J.de.: *Greek Philosophy*. Leiden. 1967[3].
Vorländer, K.: *Die griechischen Denker vor Sokrates*. Leipzig. 1924.
West, M.L.: Three Presocratic Cosmologies. *CQ*. N.S.13 (1963).
West, M.L.: *Early Greek Philosophy and the Orient*. Oxford. 1971.
Wheelwright, P.: *Heraclitus*. Princeton. 1959.
Wilamowitz-Moellendorff, U.v.: Lesefruchte. *Hermes*. 62 (1927).
Winterhalder, L.: Das Wort Heraklits. *Erlenbach-Zürich*. 1962.
Wundt, M.: Die Philosophie des Heraklit von Ephesus im Zusammenhang mit der Kurtur Ioniens. *AfGP*. N.F.10 (1907).
Zeller, E.=Nestle, W.: *Grundriss der Geschichte der griechischen Philosphie*. Darmstadt. 1971[14].
Zeller, E.=Nestle, W.: *Die Philosophie der Griechen in ihre geschichtlichen Entwicklung*. (*ZN*.と略す) Hildesheim. 1990[6]. (2 Nachdruck)

鈴木照雄『ギリシア思想論攷』二玄社。1982.
山本光雄編『初期ギリシア哲学者断片集』岩波書店。1973[13].

参考文献

ブラッカー＝ローウェ編『古代の宇宙論』矢島祐利、矢島文夫訳。海鳴社。1989⁷.
田中美知太郎『古代哲学史〈付〉ヘラクレイトスの言葉』筑摩叢書 297。1985.
梅原　猛「ヘラクレイトスの断片「我々はかのものらの　死を生き　かのものらは我々の　死を生きる」の意味について」龍谷大學論集。

人名索引

ア行

アエティオス(Aetius) ……………140
アリストテレス(Aristoteles) …17,
  18,24,25,45,49,96,134,136,
  137,138,142
アナクサゴラス(Anaxagoras) …88
アナクシマンドロス(Anaxi-
  mandros)……………31,98,140
アナクシメネス(Anaximenes) …49,
  136
アルキロコス(Archilochos) …77,
  78,79
イングリッシュ(R.English) ……160
ウィズマン(H.Wismann) …45,62,
  108,121,122,161
ヴラストス(G.Vlastos) ………31,62
ヴィラモーヴィッツ・メーレンドルフ
  (U.v.Wilamowitz-Moelen-
  dorff) ………………………57
ウィールライト(P.Wheelwright) 31,
  121,122,160
エンペドクレス(Empedocles)…25,
  145,162
オルフェウス(Orpheus) 30,145,162

カ行

カーク(G.S.Kirk) …10,23,31,38,
  45f,48,51,57,60f,63,85,90,99,
  104,108,119,121f,133,135f,143,
  146,161f

カーン(C.H.Kahn) …10,22,25,31,
  45,57,59,62,69,71f,74,89,113,
  117,119f,136,161f
ガスリー(W.K.C.Guthrie) …31,35,
  38,57,62,73,119,161,164
ギゴン(O.Gigon) ……9,19,22f,31,
  69,90,121f,142f,161
キロン(Chilon) …………………150
クィリング(H.Quiring) ……45,57
クレメンス(Clement of Alexa-
  ndria)……………………21,161
クセノファネス(Xenophanes) …42,
  78,81,93f,140,163
クランツ(W.Kranz) …45,57f,62,
  99,104,119,121,161

サ行

シムプリキオス(Simplicius) ……13
シュライエルマッヒャー
  (F.Schleiermacher) …………9
ストークス(M.C.Stokes) ………57
ストバイオス(Stobaeus) …108,161
スネル(B.Snell) …45,96f,155,160
セクストス・エンペリコス
  (Sextus Empericus) ………60
セネカ(Seneca) ………………23
ソクラテス(Socrates) ……9,12,66

タ行

ダイヒグレーバー(K.Deichgräber)
  ………………………………121f

タレス (Thales) ……………150
チャーニス (H.Cherniss) ………23
ツェラー (E.Zeller) …23,31,57,162
ディオゲネス (Diogenes of Apo-
　llonia) ……………………136
ディオゲネス・ラエルティオス
　(Diogenes Laertius) …21f,23,
　49,79,81,88,120,138,150,163f,
　167,171
ディールス (H.Diels) ……9,45,57,
　59,62,99,104,121,161,177
テオフラストス (Theophrastos) 25

ナ行
ヌスバウム (M.C.Nussbaum) …142f
ネストレ (W.Nestle) ……………161

ハ行
バイウォーター (I.Bywater) ……9,
　45,121f
ハイデッガー (M.Heidegger) …14
ハイデル (W.A.Heidel) …………62
ハイニマン (F.Heinimann) ……44
バーネット (J.Burnet) ……23,31,61
ピュタゴラス (Pythagoras) ……39,
　50,52,78,81,94,106,119
ヒュポリトス (Hippolytus) 98,121
ファランドス (G.D.Farandos) …151
ファーリー (D.L.Furley) …………71
フィロン (Philon) ………………161
フィンク (E.Fink) ………………14
プラトン (Platon) …13,39,58,79,
　111,150
フリーマン (K.Freeman) …96f,163
ブリーガー (A.Brieger) …………162

プルタルコス (Plutarchos) 117,161
フレンケル (H.Fränkel) ……32,113
ヘカタイオス (Hecataios) …78,94,
　120
ヘーゲル (G.W.F.Hegel) …………14
ヘシオドス (Hesiod) ……78,80,87,
　93f,106,118,124,152
ヘロドトス (Herodotos) ………111
ホメロス (Homer) ……77f,84,93f,
　101,112,118,120,124,129,131,157,
　160,164
ボラック (J.Bollack) …45,62,108,
　121f,161
ポリュフィリウス (Polyphrius) …57,
　161

マ行
マルコヴィッチ (M.Marcovich)　10,
　13,27,31,45,47,59f,90,113,117,
　119,121f,136,142,161
ムーサイオス (Musaios) 30,145,162
メナンドロス (Menandros) ……117

ラ行
ラインハルト (K.Reinhardt) ……9,
　31,121f
ルクレティウス (Lucretius) ……23
レイヴン (J.E.Raven) …46,48,63,
　161,163
ロイド (G.E.R.Lloyd) ……………30
ロイツェ (O.Leuze) ………………59
ローデ (E.Rohde) ………………135
ロビンソン (T.M.Robinson) …59,
　121,127,136f,143f,156,161f,
　178f

事項索引

ア行

愛と憎しみ……………………25
アイテール …28,145,148,154,173,
　175f
アエール（空気）…22,28,136,143f,
　154,173
アルケー（最初のもの）…28,145,
　148,154,173,175f
イオニア………………………9,11
　－自然学 ………11,17,137,173
宇宙創造論……………25,31,87
宇宙論……9f,13,17f,22,40,68,87,
　106,135,137,141,144,149,155,159,
　171f
海 ………………18,20f,68f,139f
運命………………………87,117
エクピューロシス（大年）…24f,31f
エートス（本性）88f,116f,123,155
エポス……………………………71
円環的変化……17,20,28,40,49,56,
　127,133,139,155
オルフェウス教 …………83,93,120

カ行

覚醒と睡眠……………………58f
寡頭制………………167,170,172f
神 ……26f,79,82,93,115f,128,144
　全体としての－………………99
　単数形の－…27f,82,88f,114,120,
　174
　伝統的な－……27,82,86f,89,83,
　101,151,164
　複数形の－………82,87,95f,120
規矩………………………106,173
希薄化と濃縮化………………49
共通なるもの …54,64f,70f,88,92,
　103,107f,111,148,154,167,172,
　174
緊張………………………50f,69
グノーメー（叡知）…88f,103f,109,
　113,116f,132,141f,152,155
ケラウノス……………………105
交換、交換物 …26f,31f,49,68
傲慢 …………79,110f,130,133,150
コスモス…12f,55,99,155,171,173,
　175
　－の永続性 17f,24,26,69,87f,154
　－の恒常性 …56,69,138,148,154

サ行

自己探求……87,114,147f,159,164,
　172,175f
　水平方向への－ ………133,157
　垂直方向への－ ………133,157
思慮
　個人的－ …64f,107,109,111,168
蒸発物………………………21f,137f
神人同一説 ……………………93,96
ストア学派 ……………………162
正義 ………53f,101,115,123,170f
政治論……………………11,167

生と死 ……………38f,58f,84f,102,
　　129,135,141,145,162
戦争 ……………49,53f,83,85f,105
ソフィエー（知恵）……9,13,60,73,
　　80f,88,91,99f,103f,111,114f,
　　118f,126,132f,140,143,148,152,
　　154,174
ソーフロネイン（健全に思惟すること）103,108f,112,147f,154,174
ゾロアスター教 …………………120

タ行

ダイナミズム ……………53f,172f
対比＜比例＞の項目
ダイモーン（半神）……116f,124,155
対立
　　－の一致 9,14,30,33f,41,49,59,
　　67,85,90f,100,103,110,115,123,
　　132,135,146,154,168,174
　　－の解消…30,34,37,44,57,72,80
魂の世話 ……………………150
知＜ト・ソフォン＞の項目
知恵＜ソフィエー＞の項目
知者 ……………………73,82
中間者………………12,113,119
調和＜ハールモニエー＞の項目
土 ………………18f,68f,139f,145
定量性 …12,17f,26,28,32,68f,77,
　　145,148,155,164,171,173
デロス島の潜水夫………………9,13
転化（トロペー）……135,138,173f
ト・アペイロン（無限定なるもの）98,
　　121
等価性 ……………………26,32
ト・ソフォン（知）…72,100f,103f,
　　117f,147,155,174

ナ行

内省……………………156,158f
「汝自身を知れ」 …………149f,163
人間学 ……………………10,12
ノース（ヌース）……60,72,78,80,
　　88,103,117,158
上り道と下り道…19f,33,40,54,57,
　　82,127,138f,161
ノモス（法）………88,93,123,168f

ハ行

博識…78,80f,94,103,106,119,126,
　　152,158
バルバロス………………125f,172
ハールモニエー（調和）……30,46,
　　49f,81,87
　　隠れた－……………………19
　　不可視なる－ …33f,49f,51f,54,
　　68f,154,174
「万物は流転する」……………9,13f
火 …11,17f,49,56,68f,85f,92,120,
　　134,138,155,171f,176
　　永遠に生きる－ …18f,24,26,29,
　　69,172
　　－の転化 ……………………19f
ヒストリエー（学的探求）………81
比例、対比 ………50,113,116f,119
ピュシス（自然・本性）……55,72,
　　107,109f,132
プシューケー 74,85,112,119f,125f
　　－の乾湿 85,117,127f,137,139f,
　　145f,154,159,175f
　　深化する－ …………74,131f,168f

生命力としての— ……155f, 158f
内的自我としての— …155f, 158f
フロネイン（思惟、思惟すること）89,
　103, 107f, 129, 132, 142, 147f, 154,
　174
プレーステール ………18f, 31, 136f
弁証法……………………………14
本質的結合 ……………………51f

マ行

水…………………………………85
「無知の知」……………………150
名称と働き ……………………42f
酩酊 ……128f, 145, 147f, 159f, 175
メトロン＜定量性＞の項目

ヤ行

欲望（テュモス） …112f, 122f, 129f,
　133
四元素……………22, 136, 143, 171

ラ行

linguistic density ……………71, 74
輪廻………………………………39
類比…………27, 39, 52, 92, 143f, 162
resonance ……………………71, 74
ロゴス……11, 14, 54, 56, 63f, 84, 87,
　107f, 111, 126, 148f, 152, 154f,
　157f, 164, 167f, 175
　oratio としての— …63f, 70f, 155
　ratio としての— …………63, 67f
　共通なる— …………103, 109, 172
　自己成長する— …………131f, 156
　深い— …………131f, 157, 159, 169

ワ行

割合…17, 68f, 105, 113, 156, 158, 168

著者略歴

後 藤　　淳（ごとう　じゅん）

1955年　三重県四日市市生まれ
1978年　広島大学文学部哲学科西洋哲学専攻卒業
1984年　広島大学大学院文学研究科博士課程後期西洋哲学専攻単位取得退学
1985年　佐世保工業高等専門学校講師
1988年　佐世保工業高等専門学校助教授
1994年　博士（文学）広島大学

共著

『西洋哲学の流れ』（協同出版）
『哲学名著解題』（協同出版）
『古代オリンピックの旅』（協同出版）

論文

The Possibility of Translation of Heraclitus' Psyche as Inner-Self.
ヘラクレイトス断片に見られる「ダイモーン」について
DK22 B.36 解釈試論
Human $\psi v \chi \acute{\eta}$ in Heraclitus. — The Deepened $\psi v \chi \acute{\eta}$ and its Physical Material —
「汝自身を知れ」とヘラクレイトス断片101　他

ヘラクレイトスにおける「プシューケー論」への展開

平成12年2月21日　発　行

著　者　後　藤　　　淳
発行所　株式会社　溪　水　社
　　　　広島市中区小町1-4（〒730-8691）
　　　　電　話（082）246-7909
　　　　Ｆ Ａ Ｘ（082）246-7876
　　　　E-mail: info@keisui.co.jp

ISBN4-87440-577-0 C3011
平成11年度文部省助成出版